江阴名贤文化丛书 第一辑

江阴市档案局
江阴市暨阳名贤研究院 策划

暨阳钩沉

JI YANG GOU CHEN

沈俊鸿 著

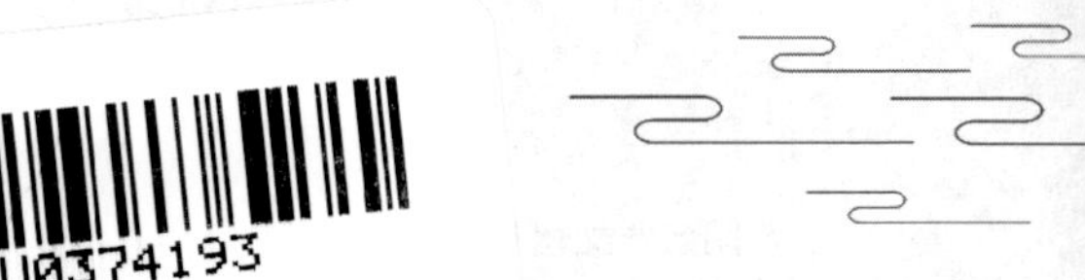

苏州大学出版社

图书在版编目(CIP)数据

暨阳钩沉 / 沈俊鸿著. -- 苏州 : 苏州大学出版社, 2018.8
(江阴名贤文化丛书 / 张伟主编. 第一辑)
ISBN 978-7-5672-2622-7

Ⅰ. ①暨… Ⅱ. ①沈… Ⅲ. ①名人－列传－江阴－古代②名人－列传－江阴－近代 Ⅳ. ①K820.853.3

中国版本图书馆CIP数据核字(2018)第204889号

江阴名贤文化丛书 第一辑

策　划：江阴市档案局
　　　　江阴市暨阳名贤研究院

书　名：暨阳钩沉

著　者：沈俊鸿
责任编辑：倪浩文

出版发行：苏州大学出版社(Soochow University Press)
社　址：苏州市十梓街1号
邮　编：215006
印　刷：江阴金马印刷有限公司
网　址：www.sudapress.com
邮购热线：0512-67480030
销售热线：0512-67481020

开　本：700 mm×1 000 mm　1/16
印　张：13.75
字　数：191千
版　次：2018年8月第1版
印　次：2018年8月第1次印刷
书　号：ISBN 978-7-5672-2622-7
定　价：48.00元

编　委　会

总 序

江阴，古称暨阳，因地处大江南岸而得名，是一个拥有约7000年人文史、5000年文明史、3800年筑城史、2500年文字记载史的江南古城，在约5000年前，就成为前太湖西北地区的政治文化中心。

南宋江阴籍左丞相葛邲曾对人杰地灵的江阴有过这样的评说："得山川之助，故其人秀而多文；有淮楚之风，故其人愿而循理。"从古至今，江阴一直为世人瞩目。

曾经因"南龙之末端""江尾海头"的独特地理位置，使江阴早在殷商时代就出现了江南地区最早的城池和公共建筑。泰伯奔吴，筑城于江阴左近；季札分封延陵；后又成楚国春申君黄歇采邑；江阴史称"延陵古邑""春申旧封"。吴文化和楚文化在江阴的交织，构成了江阴独特的地域文化，让江阴成为具有悠久历史的文化名城。

北宋王安石考察江阴曾留下这样脍炙人口的诗句："黄田港北水如天，万里风樯看贾船。海外珠犀常入市，人间鱼蟹不论钱。"当时的江阴与五十多个国家和地区发生着贸易往来，其繁华程度称雄江南。

历史沧桑变化，社会兴衰治乱。"锁航要塞"的江防地位，使江阴历经战乱，江阴城一损于元，二劫于倭，三伤于清，又毁于日侵战火。城内有宋建"兴国古塔"，直奉大战时被炮火削去塔顶，虽历经千年仍岿然屹立。这是江阴古城的标志，也是江阴文化传承的象征。江阴古城南北两门曾悬挂门额，南称"忠义之邦"，北名"仁让古邑"，这是江阴文化浓缩的精华，它闻名于世，传承不衰。江阴无数仁人志士在以忠义为特质的江阴文化感召下，崇学厚德，忠义守信，开放争先，创造出令人瞩目的业绩。季子为江阴开创了仁让文化的源头；八十一天守城抗清为江阴博得"忠义之邦"的英名；徐霞客集江阴文化之大成，带江阴文化走向世界。历史走到今天，更有吴仁宝、俞敏洪这样的江阴名人，传承弘扬江阴文化于中华大地。

研究乡邦历史，传承名贤精神，弘扬江阴文化，是行世二十余年的江阴市暨阳名贤研究院的立院宗旨，在已整理出版两千余万字江阴文化资料的基础上，又着手精编“江阴名贤文化丛书”，欲使江阴乡邦文化的整理研究更上层楼，为江阴文化的传承再献佳作。这是一项立足长远的文化工程，幸逢习近平同志近年多次倡导弘扬传承中华优秀传统文化，更得江阴市档案局财政支持，双方愿努力合作，发挥名贤研究院众多人才作用，编撰出更多更好更贴近江阴地方特色的文化丛书，为江阴文化增添光彩，更为我们的后人钩沉史实，留下传承辉光。

蒋国良

2018年6月

目　录

序　言

读俊鸿《暨阳钩沉》，犹如拜访江阴各路先辈名贤，亲切而感动!

或是生活在江阴这块土地上，或是从这儿走向五湖四海，或是姻缘际遇，情系江阴，而均闪亮闻达于时代，这是书中人物的共同特征。

“江尾海头”的独特地理位置，造就了江阴独特的地域文化，让江阴英才辈出。南宋江阴籍左丞相葛邲曾对江阴人文有过这样的评述：“得山川之助，故其人秀而多文；有淮楚之风，故其人愿而循理。”从江阴先贤第一人的季子到春申君黄歇，两千多年后的江阴人依然会时常去他们墓前凭吊；昭明太子萧统在江阴编纂了我国第一部诗文总集《昭明文选》，留下了传承不衰的红豆文化；宋代葛氏家族，一百五十多年间，一门考中进士三十三人；清初江阴出去的杨玉琳法师，被顺治皇帝慕拜而尊为国师，两年中三次加封，传说送有题写“如朕亲临”的折扇。更有明代徐霞客，代表江阴先辈名贤，声名走向世界，毛泽东主席曾有言：“我很想学徐霞客。”

江阴人文荟萃，传记者众。《暨阳钩沉》汇集俊鸿多年之采撷，书中除“天南地北江阴人”应是适需采写的传主外，其他如“民国时期的江阴报人”“古今江阴女婿中的名人”“明清江苏学政人物”等栏目，却可谓是独辟蹊径，大补江阴人文。

如书中记述辛弃疾，他是山东历城人、南宋杰出爱国将领、词坛一代大家，被称为“人中之杰，词中之龙”。南归后，辛弃疾带原配江阴籍赵氏夫人到江阴任职三年。他六十六岁所写名作：“千古江山，英雄无觅，孙仲谋处……想当年，金戈铁马，气吞万里如虎……凭谁问，廉颇老矣，尚能饭否？”词题“寄乡达丘宗卿”。该词长期收录于高中语文教材，学生都须诵背这首名作。遗憾的是，即使是江阴的老师和学生，也少有人知道这首名词与江阴的关系。词题中的“乡达丘宗卿”之丘宗卿即是同朝为官的江阴人丘密，他是辛弃疾一生的挚友。“乡达”之意为同乡贤达。辛弃疾创作这首词时，赵氏夫人已去世四十年，但他仍称丘密为乡达，可见他仍把江阴视作家乡，他仍然没有忘记自己是江阴女婿。这也难怪，辛弃疾南归后的成就起点在江阴，他在江阴签判任上写下了《美芹十论》，这是他一生中最重要的一篇政治军事论文，也是他在江阴三年间取得的最重要的成果。论文系统陈述了朝廷为抗金救国、收复失地、统一中国所采取的战略措施，从政治、军事、民心向背等方面展开周密而完备的论述，全文一万七千多字，是一篇准备上呈给孝宗皇帝的奏章。要知道，这时的辛弃疾还不到二十五岁。再看辛弃疾词作，现存六百多首，未见南归前作品。《稼轩词》的开山之作即写于江阴。《汉宫春·立春》以其清新的格调，开南宋一代词风，出手不凡，显现出辛弃疾词坛大家的本色。江阴人纪念辛弃疾，在鹅鼻嘴公园内辛侯亭刻下一副对联：“义帜初张海右，赤手俘齐虏言归，壮声英慨凌霄汉；牛刀小试江东，雄心扫胡尘都静，武略文经动鬼神。”江阴女婿辛弃疾震撼了江阴人。

《暨阳钩沉》是珠海撷英，传主达三十多位，无一不是时代翘楚，写出了江阴的自豪和骄傲。读此书，恰似亲身拜访江阴以及与江阴有关的历代先贤，受其精神熏陶，豪气自生，自觉不枉做了江阴人。

读《以〈澄江旧话〉蜚声江阴的民国报人徐再思》，徐再思的博闻强识尽显于《澄江旧话》，找来一看，江阴民国历史文化扑面而来，文外收益却又大大多于传主之文本。

俊鸿在《暨阳钩沉》中再现了江阴历史上的先贤群像，虽限于篇幅，只是传略性质，但真实可信，先辈贤达的风范业绩，足以让后人敬仰，其精神文化足以传世后代。

《暨阳钩沉》准确地体现了江阴市暨阳名贤研究院的立院宗旨：研究乡邦历史，传承名贤精神，弘扬江阴文化。故为之序，荐介于众人。

江阴市暨阳名贤研究院院长蒋国良教授

2018年5月4日

◎天南地北江阴人◎

地处扬子江畔的江阴，物华天宝，人杰地灵。从这块土地上涌现出来的杰出人物，不仅促进了地方经济文化的发展，而且在祖国各地，乃至海外，为弘扬中华文化作出了不可磨灭的贡献。

晚清江阴著名书画家王墀与《增刻红楼梦图咏》

王墀自画像

“满纸荒唐言，一把辛酸泪。都云作者痴，谁解其中味？”

两百多年前，自从曹雪芹“披阅十载，增删五次”而成的文学巨著《红楼梦》问世后，这部经典之作以其高度的思想性和艺术性占据了中国传统文学发展峰巅。在这之后，《红楼梦》人物绣像、插图及画册应运而生，更有将绘图与题咏有机融合的《红楼梦图咏》闻风而起。当年，这一艺术形式以典雅精美的图像、脍炙人口的诗句广泛流行。随着文学与绘画的珠联璧合，《红楼梦》自清代中后期起开始风靡，达到了家喻户晓、妇孺皆知的地步，无数读者为之痴迷，甚至有“开谈不说《红楼梦》，纵读诗书也枉然”之说，贾宝玉、林黛玉的爱情悲剧，撼动了千千万万读者的心灵。而红楼画的盛极一时，则起到了推波助澜的作用，其中就有江阴著名书画家王墀绘编的《增刻红楼梦图咏》，2006年，这部兼具历史价值和审美价值的画册在上海重新出版，为众多红学爱好者所收藏。

从《红楼梦图咏》到《增刻红楼梦图咏》

清光绪五年（1879），浙江杨氏文元堂刊行松江著名回族画家改琦所绘《红楼梦图咏》，这部画册共有五十幅人物绣像。早在嘉庆二十年（1815）左右，改琦便开始绘制红楼梦人物绣像，然而，直到他辞世半个多世纪之后，他创作的《红楼梦图咏》才得以出版。绘画界评价，清代红楼画成就最高者，应首推改琦，他的珍稀之作《红楼梦图咏》在清代《红楼梦》绘画作品中影响最大。

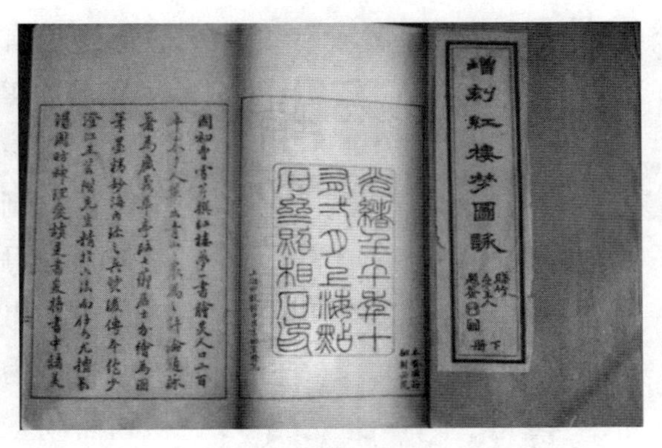

光绪版《增刻红楼梦图咏》书影

就在《红楼梦图咏》出版三年之后，即清光绪八年（1882），上海点石斋刊印、上海申报馆申昌书画室发行了王墀绘编的《增刻红楼梦图咏》。这部画册共有红楼人物绣像一百二十幅，从数量上大大弥补了改琦创作的红楼人物的不足。王墀的《增刻红楼梦图咏》古朴典雅，线条流畅，颇显传统人物画的神韵，尤其是注重体现人物绣像与小说情节、场景的契合，因而为广大红学爱好者所喜闻乐见，被称之为《红楼梦》绣像人物画的代表作。

人物绣像巾帼须眉皆能神似

梁溪（即今无锡）丁培在光绪版《增刻红楼梦图咏》序中写道："澄江王芸阶先生精于六法，而仕女尤擅长，得周昉神理。"（"六法"，是我国古代绘画实路的系统总结，包括气韵生动、骨法用笔、应物象形、随类赋彩、经营位置和传移模写六个方面；周昉是唐代的一位著名画家。）画册中的人物绣像，形象生动，细腻传神，正如王墀的友人山阴悟痴生在序中所云："江阴王君，精绘人物，尝制图自林宝以下正副金钗，旁及贾氏宗支，巾帼须眉，皆能神似，凡百有二十帧，什袭有年。"

王墀不仅绘画功底扎实，而且十分喜欢阅读《红楼梦》，他对于

《增刻红楼梦图咏》扉页

这部小说有着独特的见解，认为“书以梦名，寓言也。情至虚而以人实之，人亦虚而以像实之”。丁培称赞王墀在绘制红楼人物绣像的过程中，“其心力可谓挚且勤矣”。王墀秉承美术作品忠实于《红楼梦》原作的创作理念，为了使自己所绘的人物形象和画面场景尽可能符合曹雪芹笔下的文字描绘，他反复阅读这部小说，每画一幅，都经过仔细推敲、揣摩，无论是人物的神情动作，抑或是服饰器用，以及画面上的草木石篱、室内陈设，均按照原著所述，“各系以事”。他不像某些红楼画作者配图衬景随心所欲，泛泛而绘，而是以严谨务实的创作态度来对待每一幅作品。正因为如此，王墀的《增刻红楼梦图咏》出版后广受好评。

图咏对映构成特殊的审美价值

王墀的另一位朋友锡山高丙在评价《增刻红楼梦图咏》时指出：“从人有绘图百余帧，而综诗与广义联为一集者，此王芸阶先生所以别出心裁也。”这里所说的“别出心裁”，是指《增刻红楼梦图咏》在编排上每幅画各配上一首诗，同时将时人所看重的旧著青山山农的《红楼梦广义》附于画册后。

贾宝玉绣像

王墀在精绘绣像的同时，从嘉庆年间红楼题咏名家姜祺（署名蟫生）的题诗中

林黛玉绣像

精心挑选了九十余首。其中咏主人公宝玉诗曰："意绸语密态温存，摄尽名姝百种魂。二十一年情赚足，恝怀一揖入空门。"而咏女主角林黛玉一诗则云："脉脉含情苦未酬，盈盈欲泪揾还流。啼鹃哀雁憨鹦鹉，销尽秋窗雨露愁。"字里行间充盈着浓烈的感情色彩。这些描述红楼人物的经典诗句，有利于读者加深对这些人物的理解，同时也有助于红学爱好者对于红楼梦的研究。因所选诗的数量不足，王墀自己又创作了二十余首红楼题咏诗，合成一百二十首，与一百二十幅绣像一一相配，使之一诗一画，图咏对映。诗画合璧，极大地提高了该画册的鉴赏性，丰富了红学研究的信息含量。

作为一名画家兼书法家，王墀在《增刻红楼梦图咏》中所配录的诗文，采用了篆隶行草各种书体，显示出这位书画家写字应物象形笔意多变的特色，从而使这部画册更具特殊的审美价值。

红楼图史上的第一个石印本

现代著名剧作家、文学理论家、文艺批评家阿英曾经指出："石印本《红楼梦》插图出现得最早的，是光绪壬午（1882）出版的王墀的专册《增刻红楼梦图咏》。"，包括改琦所绘的《红楼梦图咏》，都是采用已有千年以上历史的传统木刻版印刷。

绘画石印是在清朝晚期传入的西方印刷术，它可以将画家的画稿直接移入石印版面。石印的文字和图画与原作不差毫厘，笔画清晰，画面的色彩明暗浓淡一似原作，几乎可以乱真。清光绪二年（1876），创设申报馆的英国商人美查在上海开设了点石斋石印局，开始石印图书。王墀的《增刻红楼梦图咏》印刷时，便采用了刚传入不久的机器石印技术，它不仅是红楼图史上第一个石印本，而且比我国最早发行的石印画报《点石斋画报》（1884年创刊）还早了两年，从而成为近代中国美术印刷史上的一个里程碑。

王墀其人其画

《增刻红楼梦图咏》最后一幅“警幻仙姑”图上署名“蓉江王墀芸阶氏绘图”，“蓉江”为旧时江阴的别称。王墀其人，对于今天的江阴人来说是陌生的，有关他生平的资料目前能看到的不多。2006年上海书店出版社出版的《王墀增刻红楼梦图咏》在出版说明中称其为“晚清著名书画家”，可见他不仅绘画出众，书法也有一手，不过，他在绘画上的声望明显超过书法上的名声。

王墀生于1820年，卒于1890年。据1923年出版的《清朝书画家笔录》所载：“王墀，号芸阶，江阴人，精传神人物。”高丙在《增刻红楼梦图咏》序中对王墀其人评价道：“先生精通画理，山水人物各擅其长，而于人物为尤胜。生平所著，不下数十种，惜遭兵燹，散佚殆尽。”从高丙的评语可以看出王墀在绘画理论、绘画技艺尤其是人物画方面具有相当的造诣，而他绘的仕女画清雅动人，更高一筹。

从王墀为《增刻红楼梦图咏》补作的题咏诗看，他对《红楼梦》中的人物颇有见地，如咏贾雨村的一首诗：“书生本色半清寒，宦况升沉亦可叹。此是当年长乐老，登场靴板耐人看。”诗句将贾雨村这位市侩小人比作奸狡圆滑的五代宰相“长乐老”冯道，可谓入木三分。看来王墀此人不仅擅画善书，而且诗文也精，颇具才情。

当年，王墀的《增刻红楼梦图咏》面世后广受欢迎，后屡经翻版。在该画册出版的第二年，上海点石斋又推出了他的《毓秀堂画传》四卷，包括楚霸王、郭子仪、刘禹锡、陶渊明等历代名人绣像，共一百六十幅，按一图一传记的体例编列，图文并茂，雅俗共赏，曾被喜爱美术的少年鲁迅列为拟购书目之一。《毓秀堂画传》与《增刻红楼梦图咏》均被誉为清末石印绣像图说中的精品。

澄江儒商祝丹卿

祝丹卿

祝丹卿（1871—1939），名廷华，号毅丞（一作毅臣），晚号愚山佚叟，丹卿为其字。清光绪癸卯年进士，选为吏部文选司主事，因目睹清廷腐败，以祖母病乞归。后参与创办华澄染织公司、利用纱厂等，致力于兴办地方实业和文教事业。曾任同盟会江阴分部部长、《江阴县续志》协修、江阴劝学所所长。1921年创建征存学院，1926年发起成立陶社，被推举为社长，组织刊印《江上诗钞》《江阴先哲丛刊》等。所著《怡园诗文钞》已散失，另有《怡园剩稿》在其身后编入《陶社丛编》甲集。

抛弃仕途　投身实业

祝丹卿出生于江阴城内一个名门望族，十三岁便饱读经书，能写一手好诗文。他十九岁考上秀才，被录取进南菁书院研习。三十二岁中进士后，在北京城里当了个吏部文选司主事兼验封司行走的官儿。看到甲午战争、戊戌变法失败后的清政府内外交困，百姓怨声载道，他仅在京城待了半年，便以祖母生病为由，离京返乡。后来祖母去世，便不再复出。

1904年春，江阴地方人士吴汀鹭奉知县金元烺之命，筹备成立县商会。正好表妹夫祝丹卿告假回籍，于是请他执笔起草了商会章程，并拟定成立大会议程细则等，以楷书榜贴会场。吴汀鹭与祝丹卿等五人被县府聘为商会董事。商会成立伊始，便成功调解了北外袁生泰布饼行因资金周转受阻停业遭债权人诉讼一案。

自从鸦片战争结束后，洋纱洋布大量涌入中国市场。1896年，署理两江总督张之洞奏派张謇、陆润庠分别在通州、苏州设立商务局，并创办了大生纱厂、苏纶纱厂。为了振兴民族经济，一些望族子弟在"实业救国"思想的影响下，开始由仕途转向工商。此时的祝丹卿和吴汀鹭觉得，应该以县商会成立为契机，大力兴办地方实业。他们认为，江阴沿江一带沙田盛产棉花，织布在江阴老幼咸能，十分普遍，因此，开发实业可以先从固有之纺纱织布入手。

1905年，吴汀鹭和祝丹卿邀集设有纱布号的韩燮安、夏清桂等集资九千银圆，在城内东大街唐公祠内创办了华澄布厂，采用宁波的拉梭织布机替代原先两手投梭的老式织布机。新式织布机不仅速度快，操作省力，而且使布面从原来的九寸拓宽至两尺，更具优越性的是，新式织布机可以织出多种花色的布匹。当时，华澄布厂生产的"芦篾

祝丹卿和吴汀鹭等创办的华澄布厂织布车间

格”“提花布”和“条格布”等产品坚韧耐久，质量上乘，堪与舶来品匹敌，在市场上广受欢迎，远销北方各省。

华澄布厂创办的第二年，为了充分利用本县常阴沙地区的产棉资源，就地解决布厂的原料纱，免致纱利外溢，祝丹卿和吴汀鹭找了邑人钱以湘，他是苏纶纱厂厂主严荫庭派驻江阴的德成堆栈和德丰布庄经理，商量结果，由钱以湘牵头，会同严荫庭等在北外永定坝附近集资创办了利用纱厂。

与此同时，祝丹卿于1908年和黄葆森等在城南锁巷合伙开设祝保丰茧行，此后又在刘伶巷开设了祝保丰布庄。接着又同祝梦熊、赵芝庭合资开办同丰布厂，设脚踏织布机二十多架。不久，祝丹卿又独资经营裕澄布厂，营业鼎盛时期，设布机八百余架，规模仅略亚于华澄布厂。

1915年，苏州严氏从利用纱厂退出。经钱以湘、祝丹卿商请，江阴旅沪颜料商薛醴泉向利用纱厂投入巨资加股，并任董事长，钱以湘任总经理，祝丹卿为协理。第一次世界大战期间，英国的纺织品受战争影响进不了中国，利用纱厂生产的棉纱在市场上供不应求，产生了丰厚的利润，三年获利白银三百万两，相当于总投资的四倍，企业进入了全盛时期。此时，华澄布厂也从始创时的一个厂扩展成七个厂。

把实业办得风生水起的祝丹卿，成为江阴地方上有声望、有影响的一位人物。

致力文教　兴办学校

进士出身的祝丹卿毕竟是个文化人，他在兴办地方实业的同时，致力于推动江阴文化教育事业的发展，为地方培养了大批人才。

1905年废科举，兴学堂。为了推行新式教育，各地设立劝学所，作为新的教育行政机构。当时的清政府财政空虚，拿不出钱来投向教育，除了极少数官立学堂外，其他的学堂都不发给经费，各地只得劝导地方人士设法解决。劝学所的主要功能便是以“就地筹款”为原则，筹募教育经费，劝办各种新式小学堂。1907年，祝丹卿开始担任江阴劝学所所长。这是一个费心劳神的苦差事，劝学不易，筹措教育经费更是困难重重。有人劝他辞职别干了，而早已将发展教育事业引为己任的祝丹卿岂肯退却，他不畏艰难，不辞辛苦，尽心竭力筹措教育经费，兴办各级学校，并先后兼任礼延学堂堂长、县师范传习所所长、县教育会会长及南菁中学校董等职。他在劝学所所长这个位子上主持江阴学务长达十六年之久。在此期间，江阴教育事业发展迅速，城乡小学由四十余所增至二百八十余所。

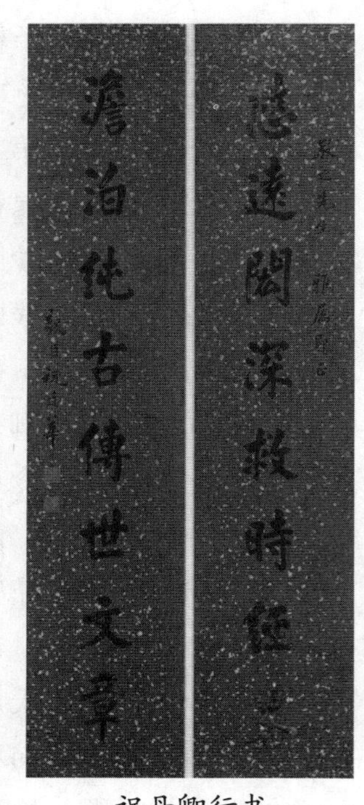

祝丹卿行书八言联

清末，各地推翻清王朝的革命运动风起云涌。早在辛亥革命爆发前，顺应历史潮流的祝丹卿便秘密参加了孙中山领导的同盟会，并在同盟会江阴分部成立后担任分部部长。1912年8月，同盟会改组为国民党，祝丹卿任江阴支部理事长。这年10月19日，孙中山莅临江阴视察黄山炮台。祝丹卿代表国民党江阴支部，与其他地方人士吴汀鹭、陆宸卿、郑粹甫、章锡禾、钱伯钧、章砚春等，前往黄山炮台欢迎。江阴各界人士要求建造锡澄铁路的呈文，由祝丹卿领衔递呈中山先生，并邀请他进城发表演讲。

不久，祝丹卿摆脱党务，专心于地方实业和文教事业。

民国初，祝丹卿曾任江阴修志局总董。1917年，由著名学者缪荃孙主持纂修的《江阴县续志》开始启动，祝丹卿和吴穆清、章际治担任协修。这部全面记载清代最后三十二年江阴综合性资料的志书终于修成，两年后付印。20世纪20年代初，鉴于当时江阴城区南菁、县中、励实三所中学已不能满足外县和四乡子弟来城升读中学的需求，年逾半百的祝丹卿发起创办征存学院。他的这一建议得到了钱以湘以及吴汀鹭、吴达人兄弟和薛醴泉的赞助。祝丹卿和他们集资七万多

1919年祝丹卿和《江阴县续志》其他主要编纂者合影 前排左起：祝丹卿、章际治、缪荃孙、金武祥、张少泉、吴穆清、章元治

元，在城东南隅巽阁基废址购地，仿照原上海南洋公学（上海交通大学前身）校长唐文治在无锡创办的具有大专水平的国学专修馆模式，创建江阴征存学院。由吴汀鹭长子吴漱英设计，建造了教学楼、宿舍楼、礼堂、办公室及教职员工宿舍，并辟有面积为十多亩的操场。1925年正式开学，招收了国学专修班（大专）一个班，附设两个初中班。聘章崇治为征存学院院长，吴鼒为初中部主任。祝丹卿擅书法，他的墨迹在江浙一带多有流传，江阴中山公园题额及孙中山先生纪念塔碑文均为其所书。征存学院开办之初，身为校董的祝丹卿为学校题写了校训“忠信笃教”。

一年后，国学专修班并入无锡国学专修馆，征存学院中学部独立，1930年改称为江阴县私立征存中学。

创立陶社　刊印乡著

1917年，担任利用纱厂协理的祝丹卿分得红利十二万银圆，他将其中的一半用于扩办裕澄布厂和其他工商业，余下的六万在城内刘伶巷购地二十亩，营建祝氏怡园（俗称祝家花园），内构亭台阁榭、假山曲水，并辟设旅社、菜馆、茶室、剧场，融游览、餐饮、娱乐于一体。怡园建成后，对社会公众开放，一任游人入内。诗人王益初在《怡园写意》一诗中写道："花影秋花随意收，红萸白菊满平畴。""辛盘素草休论价，络绎游人画里行。"

怡园中有一楼阁名"颐春阁"，这是祝丹卿特意安排给母亲颐养天年的起居之所；园内有一方形池塘，名"小南湖"，可以划船；池塘后有一嶙峋假山，名"愚山"，假山前有一方空地，当年，就在这方空地上竖起幕布，放映了江阴有史以来的第一场电影《乌盆记》。

1926年春，祝丹卿为"正人心，维风教"，于怡园发起创立诗社，因结社联吟起始于东晋陶渊明，故取名"陶社"。成立时确定的宗旨是以整理刊行地方先哲遗著为主，其次是定期举行诗会。首批入社者有谢幼陶、吴亦愚、陈沤公、章松盦、章钟祚、章国华、章霖、曹家达、钱葵、沙志衔、唐鸣凤、曹纶香、周维翰及祝廷瑞等十余人。后发展到七十余人，多为本地名流。大家推举祝丹卿任社长，谢幼陶协助，并先后聘请著名诗人陈衍（石遗）、夏孙桐等任名誉社长。

每年冬夏两季，陶社都要举行诗会，祝丹卿与社友即席赋诗，竞相唱和。其时，外地诗社及文坛名流也有来澄联吟，而海内文人则常向陶社征集诗文，交流颇为频繁。

祝丹卿除了主持诗会，还同社友广泛收集本邑先代学者留下的文献，经夏孙桐指导，确定应刻之遗著，雇请印刷工人用木活字排版印刷，其中有前代名著，有海内孤本，也有成书而未印者，定名为《江阴先哲丛刊》。所有费用，均由祝丹卿承担。

1930年，祝丹卿以重金购得清道光间邑人顾心求所辑《江上诗钞》未刊稿本，倡议校订刊行，获社友响应，当即推举谢幼陶主持整理校订工作，邀请夏孙桐作指导。人员落实到位后，便开始逐页校订，纠错补缺，同时组织撰写作者小传，并在怡园内设书局，由无锡文苑阁派人以宋体活字排版精印。不料中途纸价猛涨，经费告急。祝丹卿除了自己出资维持各项费用，又专程赴上海向江阴同乡募捐，但还是不够开支，他又变卖了部分书籍贴进去，以渡过难关。

1932年上海“一·二八”事件后，战火延及苏南地区，江阴民众四出避难，书局的工作被迫停顿。祝丹卿考虑到苏北一带较为安全，决定将《江上诗钞》原稿陆续转移到苏北。一天晚上，谢幼陶携带《江上诗钞》书稿过江，不料登船时失足落水。天黑风疾，江涛汹涌，危急关头谢幼陶将两只小箱子高高举起，露出水面，竭尽全力保护书稿。他的弟弟少卿奋勇跳入江中相救，兄弟俩互相抱持，涉水出险。祝丹卿听到这一消息后，长长地舒了一口气，感慨地说：“人书两安，这真是老天保佑！冶盦（即谢幼陶）护书，少卿救兄，艺林之盛事，我辈之美谈也。”

历经三个寒暑，《江上诗钞》及《江上诗钞补》终于刊印完成，共编成一百八十六卷四十四大册，收录了一千零二十八位诗人的一万七千首诗篇。上溯唐宋元明，下讫清道光咸丰。首批装订好十六套，祝丹卿派人分送上海等地图书馆。

拒敌诱胁　气节凛然

1937年，日本侵华战争全面爆发，时局日益恶化。日寇派飞机频频轰炸江阴，怡园不幸中弹，大批印好的《江上诗钞》连同大量未及装订的散页，以及祝丹卿多年苦心搜集准备刊印的三十多种极其珍贵的历代文献孤本、手稿，全部毁于战火之中。

当避难在泰州的祝丹卿获悉后，心如刀割，老泪纵横，连连顿足自责：“我本想把江阴先哲的著作刊印出来，传给后世，没想到这些珍藏的孤本遗墨如今却在我手中毁灭，我反倒成了江阴的罪人，怎么对得起先哲和后代啊！”

当年12月江阴沦陷后，日寇多方托人，请祝丹卿回江阴主持“维持会”，为他们服务，都遭到严词拒绝。后来，日军驻江阴的宪兵队长仍不死心，特地写了一封亲笔信，派人专程送到泰州面交祝丹卿，希望他回心转意，返回江阴，同时威胁，如果再不回江阴，全部家产都将保不住。祝丹卿勃然大怒，厉声对来人说："你是个中国人，竟然不知羞耻，为虎作伥，你家列祖列宗的台都给你坍光了，还有何脸面到我这里来！"那个汉奸被他骂得无地自容，灰溜溜地逃走了。

祝丹卿明知他的这一举动必将招致敌伪报复，他对家人慨然说道："我自小读书，粗知大义，当此国家危急存亡的关头，本该不惜牺牲，为国尽忠。我之所以忍辱偷生，避难苏北，只是因为老母尚在，至于其他身外之物，早置之度外了。"果然，日寇见祝丹卿拒绝为他们干事，就将他怡园住宅建筑及保存的文物毁掠一空。

1939年，祝丹卿避居泰州的第三年，老母亲病逝。由于悲哀过度，这位不遗余力造福桑梓、毕生致力于发展地方实业和文化教育事业的江阴一代名贤，于当年7月29日（农历六月十三日）遽然辞世，享年六十八岁。此时，与他母亲谢世仅相差一个多月。

著名教育家、国学大师唐文治先生闻悉噩耗，悲痛之下，特地为诗友祝丹卿撰写了一篇被传诵一时的悼诗：

霹雳震空开天门，万灵陟降纷如云。
巫阳筮予招君魂，沉诚渺精叩帝阍。
……
砉然长啸海山秋，哀江南兮天地愁。
豪气凌云谁与俦，我独铭君洒九幽。

“天涯五友”中的江阴名士张小楼

张小楼

1900年春，五位才华出众、意气相投的年轻人——华亭诗家许幻园、宝山文人袁希濂、津门才子李叔同、江湾儒医蔡小香、江阴名士张小楼，在上海城南草堂义结金兰，号称“天涯五友”，并特地摄下一影作为留念。

城南草堂僻处上海大南门附近，其主人即当时沪上新学界的领导人之一许幻园。1897年秋，以切磋诗词文学为宗旨的城南文社成立于城南草堂。文社不时举办悬赏征文、诗词唱和活动。“天涯五友”均为该文社成员，他们经常在城南草堂聚会，以文会友，相互酬唱，一时间在当时沪上文坛传为佳话。

除了文社的活动之外，1900年农历三月，“天涯五友”还在上海福州路杨柳楼台旧址，联合发起成立“海上书画公会”，张小楼任会长。消息传出后，被上海文化界视为盛举。上海及江浙书画名家高邕之、胡郯卿、任预、汤伯迟、朱梦庐等纷纷入会。该会以“提倡风雅振兴文艺”为宗旨，定期组织会员品茗读画，相互交流，并由李叔同主持编辑《书画公会报》，每周三、日出版，一、二期随《中外日报》附送，旋即自行销售发行，前后出版四十余期，揭开了中国近代书画社团的新篇章。

翌年，张小楼应东文学堂之聘，离开上海，去了扬州；李叔同入南洋公学特班就读；袁希濂进了广方言馆；许幻园纳粟出仕；蔡小香则忙于行医。就这样，“天涯五友”各自忙于事业和学业，再也无暇专注于文艺，他们所主持的城南文社和海上书画公会也就难以为继，无形中逐渐解体了。

天涯五友图　左起：李叔同、张小楼、蔡小香、袁希濂、许幻园

此后，张小楼、袁希濂、李叔同相继赴日本留学。

张小楼原名张柟，又名张楠，小楼乃其字。他自日本法科大学毕业回国后，历任南京江南高等学堂、两江优级师范学堂教习。民国初期开始从政，曾在北洋政府任国务院翻译官、外交部编译员，并被派驻朝鲜，任新义州领事。1923年从朝鲜回国。1926年重返上海，曾任上海铁路税务局局长。

1935年李公朴全家在上海合影。
前排右一张小楼，左一张小楼妻；
后排右一李公朴，左一张曼筠

1927年秋，“天涯五友”中的四人李叔同、许幻园、袁希濂、张小楼再次在上海相聚。此时，五友中的蔡小香已经去世；官运不畅的许幻园早已家道中落；袁希濂则已卸去政职，成了一名佛教居士；而李叔同早就皈依佛门，他于1918年出家，在杭州剃度为僧，法号弘一。四人见面后，感慨万分，唏嘘再三。他们重摄一影，由李叔同题

跋，以作纪念。两年后，许幻园离开了人世。

1928年8月，张小楼的女儿张曼筠与即将赴美留学的李公朴在上海举行婚礼。

20世纪30年代初，张小楼曾在南京国民政府外交部任过一段时间职， 然而，这位不谙为官之道的书生，不久便丢了官。长于书画的张小楼只得靠出卖书画、向亲友借贷度日，并在刘海粟主持的上海美术专科学校任过教。直到李公朴留学归来创办了申报流通图书馆、业余补习学校以及《读书生活》半月刊，生活才逐渐得以稳定。这期间，他专心致力于书画，举办了一些画展。

1936年9月18日，时值“九一八事变”五周年，张小楼对日寇的侵略行径义愤填膺。他拿起画笔，画了一只张牙舞爪的螃蟹，并在画纸上写下：“看汝横行到几时。”

张小楼绘螃蟹图

张小楼晚年信佛，自号“尘定居士”，目睹战争给中国人民造成了深重的灾难，他全身心地投入了救助难民的慈善事业。1938年6月，为阻止日军疯狂进攻，国民党军炸开黄河花园口大堤，数百万民众背井离乡，沦为难民。张小楼立即赶往郑州，襄助全国赈济委员会副委员长屈文六居士，赈抚黄河水灾难胞。此后又赴陕西黄龙山，为慈善家朱子桥将军办理垦务局，安置河南灾民，组织他们种地养猪，渡过难关。而他的妻子，却在日军飞机对重庆的大轰炸中惊悸而亡。

李公朴夫妇不放心年逾花甲的老人独自在外辛劳，便将他接到重庆。不久，张小楼又随李公朴夫妇转移到昆明。在这里，张小楼又重新专注于他所酷爱的书画艺术，他与书法家胡小石、摄影家杨春洲成立了“三艺社”。1942年，为了支持李公朴创办“北门书屋”，张小楼、张曼筠父女和“三艺社”成员一起，联合举办书法、绘画、摄影展，作品公开拍卖，为北门书屋开办筹集到了部分资金。就在这一年10月，“天涯五友”之一的李叔同、爱国高僧弘一法师在福建泉州圆寂。张小楼闻讯后不胜伤感。

1946年7月，著名爱国民主人士李公朴，在昆明遭国民党特务暗杀，张小楼为痛失爱婿悲愤欲绝。此后，他辗转回到上海，靠三联书店给烈士家属的一点抚恤金勉强维持生活。

新中国成立后，这位饱经晚清、民国沧桑的古稀老人，对人民当家做主的新时代充满着好奇，他如饥似渴地了解新社会的方方面面。刚刚诞生的人民共和国，对他来说是完全陌生的，但是又是那么具有吸引力！

1950年11月，袁希濂在苏州安详而逝。同年12月，张小楼因胃大量出血，在上海遽归道山，享年七十四岁。他是“天涯五友”中最后一个离开人世的。

◎民国时期的江阴报人◎

“铁肩担道义，妙手著文章。”被称作“无冕之王”的记者是时代风云的记录者。百余年来，众多江阴籍的新闻记者凭借他们手中的笔和相机，成为江阴乃至中国历史的见证者和记录者。

为孙中山演讲作记录的江阴新闻先驱曹一尘

曹一尘（1891—1947），名政，又名与之，字仿周，笔名一尘，江阴城内西大街人，祖籍宜兴丁山。毕生从事新闻事业，以笔锋犀利、文思敏捷而蜚声澄江。曾创办《江新报》《朝报》，并先后主持江阴《民声》《大声》《民锋》《江声》等报笔政。所撰《民元国父莅澄史话》《江阴报业史话》等文，均为弥足珍贵的史料。

清末江阴铅印刊物首创者

曹一尘

曹一尘十八岁那年，以行医为业的父亲患伤寒而亡，遗下三子两女。身为长子的曹一尘不得不弃学就业，挑起了家庭重担。凭借扎实的写作才能，他开始向武进《正谊报》等新闻媒体投稿，以笔耕收入上奉母亲，下抚弟妹，暇则博览群书，精研学问。

1910年，章锡禾创办的江阴第一张新闻报纸《澄报》问世，不料出至第二期即遭劣绅攻击，被迫停刊。翌年夏，江阴旅外学生返乡度假，借城内涌塔庵举办暑期新学说、新技术讲习会。会后，学生们余兴未尽，纷纷认捐，创办半月刊《江阴杂志》，继续宣扬新学说、新技术，并辟简明新闻一栏。章砚春被推举为总编辑，薛晓升、吴研因、刘半农等分任编辑，曹一尘则担任干事。就从这时候起，曹一尘与同龄的刘半农成为好友，两人都喜欢江阴的民谚小调，刘半农写道："地上人多心不平，天上星多月不亮。"曹一尘则在《朝报》上应和："夜里月亮照寒山，太阳出来云掩日。"后来，刘半农去了上海、北京，每次回乡都要同曹一尘会面。

由于当时江阴还没有铅印设备，《江阴杂志》由虹桥日新斋油印。第五期发行后，预定10月出版的第六期，改刊铅印十六开小册，由曹一尘专程赴常州，委托武进印刷所承印。就这样，江阴开始有了铅印刊物。

正当《江阴杂志》第六期出版之时，辛亥革命爆发。不久，江阴宣告"光复"，忙于国事和地方事业的《江阴杂志》同人们无暇兼顾编务，这份刊物不得不停办。

1912年4月，夏港人吴棨汇集江阴各界有志办报者筹办《江阴报》，四开，半月一期。章砚春任总编辑，向宾讽专写社论，吴研因主编丛谈，薛晓升撰写小说，曹一尘和祝书森则负责采写城乡新闻。

年轻的曹一尘初显身手，即蜚声报界。后曾担任江阴新闻记者公会理事长的邢介文，对其时的曹一尘有过这样一番描述："那时他年轻而漂亮，笔尖儿犀利的针对社会黑暗面去进攻，博得社会的同情，当他走过街市，就有人钦羡地指道，这是'访事员曹一尘'。""他的文思敏捷而前进，写作清晰而轻松"，"无论城乡老少，提到一尘的名字，大家都知道他是新闻记者"。

孙中山莅澄演讲的记录者

以"不阿权贵，不受收买，不敲竹杠"为办报宗旨的《江阴报》，敢于为地方痛陈利弊，所以第一期面世便供不应求，后因《狗头老虎》一文得罪地方豪绅，被告到省里。江苏省内务厅以"持论狂悖，意图煽惑人心"为由，勒令封闭。《江阴报》出至第七期即被迫停刊。初出茅庐的曹一尘为之惋惜和气愤，他在《江阴报业史话》中写道："自此而后，新闻界同志，大家都灰心了，一连四五年，没有人发起这件事。"

1912年10月19日，孙中山先生莅临江阴，在视察黄山炮台之后，应地方人士邀请前往城内，在城隍庙西厅桐梓堂发表演讲。曹一尘与薛晓升、向宾讽等四人被推举为速记员，在现场作记录。曹一尘的友人徐兆梅称赞他的记录稿"不遗一字，而又文采斐然，为乡先辈所器重"。

演讲结束后，四名记录者的原稿由曹一尘、薛晓升汇总整理，经中山先生亲自审阅后，由薛晓升以铁笔缮写油印。当时，国民党江阴分部将这份油印稿寄给了上海的新闻媒体，其中《天铎报》于10月24日、25日两天以《孙中山先生之演说》为题，刊登了这篇演讲记录稿。而江阴本地却因为当时没有新闻报纸，只得在演讲的第二天，将这份中山先生的演讲记录稿张贴在县府照壁上，供民众阅览。

三十四年后，时任《民锋·江声》联合刊主编的曹一尘，在该报发表了《民元国父莅澄史话》。作为亲历者，这篇文章追记了1912年孙中山先生视察江阴要塞并进城发表演讲的过程，这是迄今为止所发现的关于这一重要历史事件最为翔实的第一手资料，具有重要的历史价值，弥足珍贵。

地方报纸白话文的推动者

1919年，王希玉在城内东大街集资创办华通印书馆，自备铸铅字用铜模，由此，江阴办报之风又趋活跃。这年4月，由郭丕刚发行的《江阴日报》创刊，每天四开一张，这是江阴第一张铅印日报，主编张南云，曹一尘和吴惠甫担任这张报纸的编辑。一年后，《江阴日报》自动停刊。

不久，曹一尘与吴耕阳联手创办《江新报》，对开四版，周刊，每星期三出版。为了将《江新报》办成一张大众化的报纸，让识字不多的民众也能阅读，曹一尘摒弃了以往艰深的文言文，毅然采用通俗

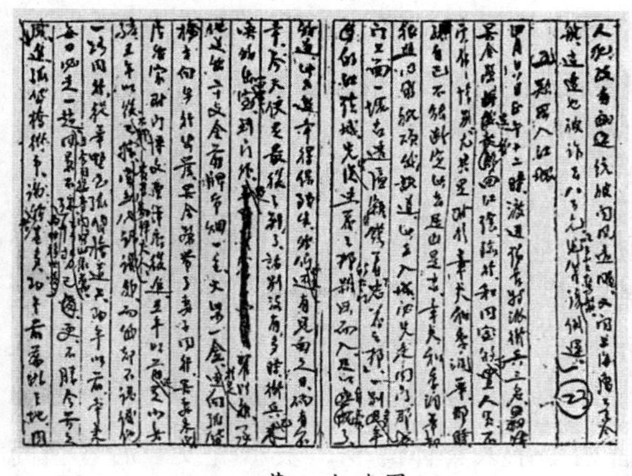
曹一尘遗墨

易懂的白话文，并加上标点，发行后受到了读者欢迎，其他报纸纷纷效仿，《江新报》成为江南一带较早采用白话文的地方报纸。与此同时，曹一尘创办的《江新报》以特评和社会新闻吸引读者，这张报纸所报道的《火烧劝学所》《江北艒艒船惨案》《九里河盗匪连杀九命》等新闻，曾在社会上引起轰动，阅读者甚多。其中《火烧劝学所》一文，由曹一尘亲自采访。

身为报人的曹一尘，对社会公益活动十分热心。笔政之余，经常去保婴局育婴堂为来自四乡的婴孩义务种牛痘，一连数年均如此。

有一次，《江新报》刊载一篇评论，批评县长“毫无建树。也不关怀民众，似同无政府状态”。县长十分气恼，通过警察局传令曹一尘去县府谈话。曹一尘认为自己并没有犯法，拒绝前往。县长大怒，下令拘提曹一尘，一时间闹得满城风雨，引起新闻界及社会公愤。为避免事态扩大，几位地方人士出面调解，一场风波方才平息。

不久，《江新报》停刊。对于这样的结局，曹一尘曾写道：“经过两三年的挣扎，依然无法持久，这真是江阴新闻界的命运注定的，每一种刊物出版，起初未尝不轰轰烈烈，但是到头来总不免烟消云散，短命而终。”

《民声》《大声》报笔政主持者

1927年3月21日，北伐军熊式辉部进驻江阴城。4月1日，曹一尘与高鼎新、刘佑康、邢介文等，以国民党江阴第二区党部名义创办

《民声》报，社址设在原虹桥北堍沿河的睢阳庙里，曹一尘任主编。这张对开日刊，发行量八百份左右。半个月后，江阴开始“清党”，熊式辉下令解散国民党临时县党部，成立改组委员会，县农民协会被查封。

从这年11月开始，后塍、杨舍、峭岐农民在中共江阴县委领导下相继举行暴动。因《民声》报、《新商报》、《江阴商报》详尽披露国民党军警“剿共”的消息，1928年4月8日，江苏省民政厅委员陈维检指责这三张报纸是“共产党的宣传员”，扬言要“捉人，封报馆”。当天下午，三报记者四十余人集体辞职，表示抗议。后《新商报》被封，《民声》报和《江阴商报》则延至第二年9月同时被封。曹一尘慨叹：“处于官权膨胀时期，可怜竟无门可诉。”

1930年4月，沙识和创办《大声》报，以曹一尘为主笔，蒋法曾为编辑，徐再思为副刊编辑。该报连载徐再思所写的《澄江旧话》，颇受读者欢迎。该报对开一张，日刊，发行量达一千份。

曹一尘先后主持笔政的《民声》报和《大声》报，曾经在江阴产生较大影响。报人蒋法曾曾这样评价曹一尘：“嗣主大声编务，立论针对现实，笔陈精警，人人乐诵，誉之为江阴严独鹤。”当时，上海报人严独鹤以针砭时弊、读者众多而名噪一时。

两年后，曹一尘在主持《大声》报编务的同时，又创办《朝报》，四开一张，三日刊，以副刊见长，发行量六百份左右，但不久便因资金短缺停刊。与《大声》报先后出版的《江声》报也为经济所困，维持了年余即休刊。

1937年抗战爆发后，曹一尘将家属送往乡下避难，自己则留下，身处危城，在战火中坚持出版《大声》报。直到11月，上海沦陷，战局紧张，才被迫停刊。

抗战期间，曹一尘曾在长寿、周庄一带参加抗日活动。后撤至上海，被日本警备队密探拘捕，押回江阴。经昔日《大声》报同事及地方人士全力设法营救，曹一尘被拘捕十六天之后获释。

抗战胜利后江阴第一张报纸出版者

1945年8月15日日本投降后，9月7日，《民锋·正气》联合刊出版了。这是抗战胜利后江阴第一张报纸，头版头条刊登了《日本降伏书全文》。担任报社社长的曹一尘在《发刊辞》中写道：“正义战胜了强权，世界重见了和平，霹雳一声，豁然开朗，解除束缚，还我本来，这是历史上独一无二的光荣纪录，足以传之万世，世世之孙，永远景崇。”“这时候，光明来临了，忠义之邦的忠义之气，惊天地，泣鬼神，举世瞩目，震惊全国。”

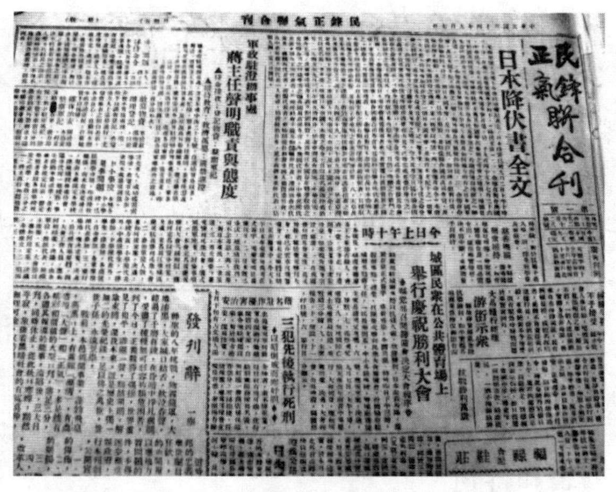
民鋒正氣聯合刊
日本降伏書全文
今日上午十時
城區民衆在公共體育場上舉行慶祝勝利大會
發刊辭
三犯先後執行死刑

抗战胜利后出版的江阴第一张报纸

曹一尘之墓（沈俊鸿摄）

在这之后，曹一尘接连发表了《抗战丛谈》十八篇以及《民元国父莅澄史话》等重要文章。1946年3月，《民锋》日报停办，《江声》日报正式复刊，曹一尘任主编。五个月后，因地方派系之争，曹一尘愤然辞去主编之职，并退出报社。不久，江阴县新闻记者公会成立，曹一尘当选为理事。

1947年元旦到了，就在这一天，曹一尘在《江声》日报发表具有重要史料价值的《江阴报业史话》。作为一名老报人，他在这篇文章中回顾了清末至抗战胜利初期江阴新闻界曲折而复杂的历史。此为一尘先生绝笔。

这一年自春至夏，曹一尘胃疾久治不愈。蒋法曾曾这样描述曹一尘人生的最后一幕："经过八年变乱之后，人心究竟也变了，在这种时代，他那真诚的为人，是不会有人来同情的了。他只有感叹，只有激愤，于是他那孱弱的身体又病了，当他病重的那天晚上，他握着紧紧的拳，用力地击着床沿，他对我说：'这是什么世道？这是什么时代？'"

1947年7月22日，因病情恶化，终告不治，江阴新闻先驱曹一尘在家中溘然长逝，终年五十七岁。江阴县新闻记者公会为他举行了公祭，江阴《正气日报》《江声》日报分别用两个整版出版了追悼他的专辑和特刊。

以《澄江旧话》蜚声江阴的民国报人徐再思

徐再思（1891—1948），名通，字介常，笔名再思，江阴城内西横街人。早年从事律师事务，后转向新闻领域。曾任江阴《商报》《民声》《大声》《江声》等报副刊主编。1946年9月当选江阴新闻记者公会理事长。主编《江阴战事记》，著有《澄江旧话》以及小说《解放女子小史》等。

涉猎广泛的一介文人

徐再思

江阴城内西横街中段原先有一条小巷，宽不过两米，据《江阴市地名录》记载：这条小巷“相传因巷朝东而名晖对巷。”徐再思的祖居就在这条不起眼的巷子里。

从小在晖对巷长大的徐再思，平素喜爱文学、史学，涉猎广泛，博闻强识，举凡诸子百家，天文地理，诗词歌赋，无不浏览，旁及各种法典图籍，稗官野史，医卜星相。在史学方面的兴趣和造诣尤深，熟谙中外史事、历朝人物，以及地方掌故、风土民俗。他后来之所以能写出《澄江旧话》那样的作品，与他年轻时的喜好和积累不无关系。徐再思

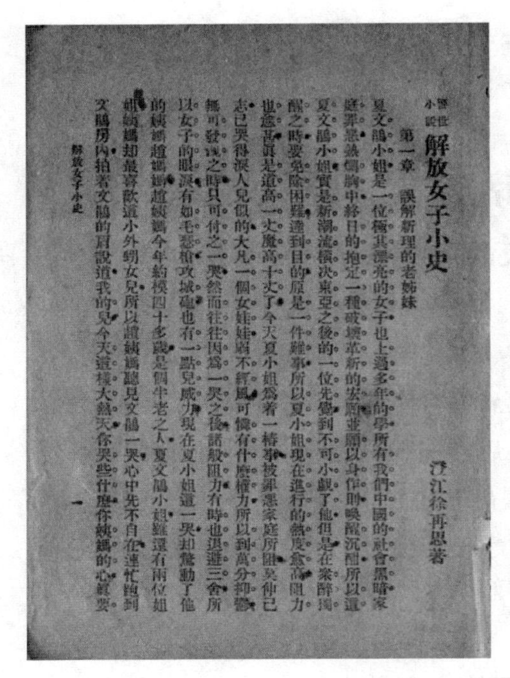
警世小說　解放女子小史　澄江徐再思著

第一章　誤解新理的老姊妹

夏文鵑小姐是一位極其漂亮的女子。也上過多年的學。所有我們中國的社會黑暗家庭罪惡。滿腹中終日的抱定一種破壞革新的宏願。並願以身作則。喚醒沉酣。所以這夏文鵑小姐實是新潮流横決東亞之後的一位先覺。到不可小覷了他。但是在衆醉獨醒之時。要免除困難。達到目的。原是一件難事。所以夏小姐現在進行的熱度愈高。阻力也愈甚。眞是道高一丈。魔高十丈了。今天夏小姐爲着一椿事。被罪惡家庭所阻。莫伸己志。已哭得淚人兒似的。大凡一個女娃娃。弱不經風。可憐有什麼權力。所以到萬分抑鬱無可發洩之時。只可付之一哭。然而往往因爲一哭之後。諸般阻力有時也退避三舍。所以女子的眼淚。有如毛瑟槍。攻城砲。也有一點兒威力。現在夏小姐這一哭。却驚動了他的姨媽趙媽媽。趙姨媽今年約模四十多歲。是個半老之人。夏文鵑小姐雖還有兩位姐姐。姨媽却最喜歡這小外甥女兒。所以趙姨媽聽見文鵑一哭。心中先不自在。連忙跑到文鵑房內。拍着文鵑的肩說道。我的兒。今天這樣大熱天。你哭些什麼。你姨媽的心纔要

解放女子小史　一

1922年上海会文堂刊行的徐再思的小说《解放女子小史》（顾晟楷提供）

同他那个时代的许多传统文人一样，善吟咏，喜唱和，1926年，江阴地方名士祝丹卿与谢幼陶、吴亦愚等名流创立陶社后，他曾去怡园参加诗会。

徐再思此人，曾经在文人圈子里以主编《江阴战事记》、著有《澄江旧话》而蜚声江阴。鲜为人知的是，他在这两部文史著作问世之前还出版过小说。早在1922年，上海会文堂曾刊行过徐再思创作的一部八万多字的警世小说《解放女子小史》，主人公夏文鹃小姐主张“男女平权，互相自由”。小说的结尾归结到“自由恋爱的婚姻是建筑在学问上的方能鉴别英雄，自由恋爱的婚姻是建筑在独立精神上的方能免除外界的压迫”。这部《解放女子小史》，在20世纪20年代初称得上是相当前卫、相当时髦的一部小说了。

徐再思的名著《澄江旧话》中有一篇《栅规》，写到清末民初苏常一带斗蟋蟀、斗黄屯鸟的风习。同样的题材，他还写过一篇《三十六天罡七十二地煞》，这三十六天罡指的是当年我邑民间斗鸟中三十六羽勇猛善斗、战绩不凡的黄屯鸟，而七十二地煞则是指七十二只“过五关斩六将”的上品蟋蟀。此文估计写于《澄江旧话》出版之后，完稿后始终未能有机会付印，后来手稿散失，不知所终。“文革”期间，徐再思留下的一些遗作包括他的一部诗集均遭毁失，殊为可惜。

在江阴新闻界享有盛誉的徐再思，早年拜苏州律师吴履和为师，学成后返回江阴，从事律师业务，先后被通惠公所、济美典当、沙繁

盛鱼行、张隶庭钱庄等商行聘为法律顾问。后跻身新闻界，以笔耕为生。随着他的这一华丽转身，江阴法律界少了一名精通律法的律师，而江阴新闻界则多了一位广受读者欢迎的报人。

令人注目的新闻生涯

徐再思先是进了钱少鹤、张仲龄创办的江阴商报馆。这张报纸的主编是王士楷、邢介文，徐再思负责编副刊。他写的杂文，精悍、隽永，一针见血；他写的小品，活泼生动，精彩纷呈。刚登上新闻舞台，他就给了读者一个耳目一新的感觉。后来使他声誉鹊起的《澄江旧话》的一些篇章，便起始于《商报》副刊。1925年，江阴《商报》馆出版了由他主编的全面记述乙丑兵灾的《江阴战事记》。

1927年3月，《商报》停刊，一个月后，由曹一尘担任主编的《民声》报创刊，民国初年便是曹一尘笔友的徐再思成为该报副刊主编。从此时开始，他一直是曹一尘办报的合作伙伴。副刊是报纸的重要组成部分，办得好的副刊往往成为吸引读者眼球的一道靓丽多彩的风景线。从《民声》报到《大声》报，曹一尘主编的这两张报纸，副刊主编均由徐再思担任。他编的副刊，使这两张报纸吸引了众多的读者。

1937年冬，日本侵略军占领江阴，徐再思被迫中断新闻生涯，举家避居长寿。在这期间，他曾协助朱松寿抗日武装筹措给养，赈济难民。抗战后期遭日寇拘捕，囚于苏州监狱，九个多月后才被释放出来。

抗战胜利后，新闻达人徐再思重返新闻岗位，并参与县政。曹一尘主编的《江声》日报，副刊主编仍由徐再思担任。两人业务上配合默契，事业上同进共退。当曹一尘愤而辞去《江声》日报主编之职时，徐再思与他一同退出报社。

1946年9月1日，江阴新闻记者公会成立，徐再思以最高票数当选为理事长，此时，他已处于新闻生涯的巅峰。这年10月10日，他在《江声》日报发表《国庆志感》一文，文章辛辣地指出："大多数民众都害着穷病，然而军粮税捐，为事实所迫，不得不向穷民头上罩上去，虽多知道国庆是了不得的大事，但为穷忙所羁，未免为之扫兴。”翌年1月，担任县府田赋处秘书的徐再思因受稻行案牵连，再度遭遇牢狱之灾。

曹一尘病逝后，徐再思在狱中写下《悼仿兄》一文，刊登于同年11月2日江阴《正气日报》追悼曹一尘专辑，悼文写道：“曹君一尘，居则与余同邑，年则与余同庚，同事本邑新闻事业数十年。”“从此与余同患难，关痛痒者，又去一人矣。”对于挚友的离世，徐再思深感痛惜。这篇文章是他发表于报章的最后一篇，成为他写作生涯的落幕之作。这年年终，当他被判无罪结案，释放回家时，已是重病在身，不久便黯然谢世。

血泪编成的乙丑痛史

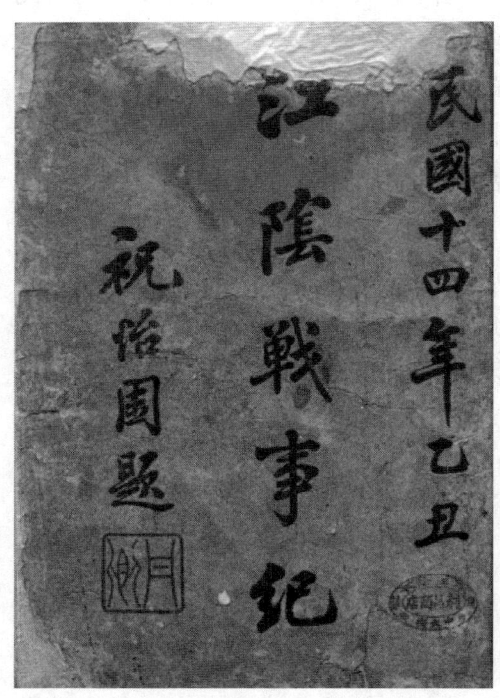

1925年江阴商报馆出版的《江阴战事纪》（顾晟楷提供）

1925年1月，农历乙丑春节期间，第二次齐（燮元）卢（永祥）战争延及江阴，两军彻夜交战。江阴城被围困七昼夜，全城男女老少惊恐万状，饱受劫难，死伤累累。

乙丑兵灾的硝烟刚刚散去，报人徐再思即着手主编《江阴战事纪》。他在“缘起”中披露了这本书的编写动因及过程：“战后仅十日，商报即继续出版。关于战事记载，纷至沓来，少鹤钱君，遂有编辑《江阴战事纪》之发起，以留永远之纪念。同侪皆怂恿之，嘱余任主编，于是开始征稿，着手编辑。再得诸同志协助，赫然成巨帙矣。”

《江阴战事纪》一书，依据大量采访资料和亲历所述，全面而翔实地记叙了乙丑江阴战事的整个过程。从战事的起因到江阴驻兵情形；从战火燃起后，夏港、葫桥与蔡泾、夏城与月城的战事，到北外战事、西外战事、南外战事、东外战事；从齐军在城内疯狂洗劫，到大肆骚扰各乡；从有关中外人士在战事中的诸般表现，到红十字会和救护队在兵灾中所起的作用，乃至兵灾结束后的善后事宜。凡与这一战事相关的方方面面，无不清晰而细致地毕现于书中各篇章。

人民是军阀混战的直接受害者。被称为“痛史”的《江阴战事纪》，用血泪记录了江阴人民在兵灾中蒙受的损失和痛苦。徐再思在书中写道：“我邑惨罹兵灾，所受痛苦深矣。战前则备尝拉夫之苦，战时则大遭焚掠之劫，炮火惊天，流弹如雨，置身绝地，生命在呼吸之间。编者亦劫后余生，回忆当时，俨同再世。”他以亲身经历写下了三万多字的《围城避难纪》，详尽地记录了兵灾期间的苦难经历和所见所闻。书中有一篇王璿叟撰写的《江阴围城七日记》，则有这样的记载：“奉军自得澄台后，声言苏军若不开城，将以澄台最大之炮轰城，故所发之弹，较昨日尤猛。苏军则以枪炮还击，连续不已。至台上每发一弹，避难者无不心惊胆裂，匍匐于地，长者面无人色，幼者啼不成声。此等惨状，实旷古所未有。”“旁午，奉军在台轰击甚烈，对红会亦发一炮，毁去后厅一座。至会中避难者狂奔而出，死一人，击去头脑半个，伤二人。”乙丑军阀混战在江阴犯下的罪行罄竹难书。

作为一部极具史料价值的文史著作，徐再思主编的这部将近二十万字的《江阴战事纪》，除了翔实而生动的文字外，还附有城乡灾状图、军事现场图以及与此次战事有关的中西要人肖像等照片近百幅，为发生在江阴的这一历史事件留下了珍贵的图片资料。

脍炙人口的《澄江旧话》

与《江阴战事纪》相比，徐再思的另一部著作《澄江旧话》，脍炙人口，雅俗共赏，在江阴影响更大，拥有的读者更多。饶有趣味的是，里面相当一部分篇章，是再思先生从茶馆店里听来后加工而成的。

当时，江阴城内学政节署西侧有一座二侯祠，这是明初为镇守江阴的开国元勋吴良、吴桢兄弟俩设立的专祠。20世纪20年代，该祠享堂辟作茶室，成为茶客们品茗闲谈的场所，文人雅士称之为“是我庐”，担任江阴《商报》副刊主编的徐再思是这里的常客。

每天一早，徐再思来“是我庐”茶室喝茶聊天，晚上，他在灯下将白天喝茶时听到的奇闻趣谈、民间传说以及他所了解到的前朝掌故、名人逸事构思成文，然后一一刊登于他所编辑的副刊上。他的这些文章清丽流畅，幽默诙谐，通俗易懂，在报上发表后，读者争相阅读。

《商报》停刊后，徐再思又在曹一尘主编的《民声》报编副刊。他依旧泡在“是我庐”，不断发掘、收集文史掌故、民间轶闻，加以整理发表。数年间信笔写来，日积月累，竟达二百余篇。其中《学使春秋》《江阴知县》《前清诉讼情形》《清季知县衙门》《学署》等有关前朝典章、人物行实的记载，以及《花山葛母坟》《不可先生破象阵》《短毛》《汪公》《夏二铭考》等篇章颇具文史价值，而《杨名时捉蟹》《大宅里与施耐庵》《顾山十里红》《三宝村》《夏良惠》等民间传说更是为人们所津津乐道。后应读者要求，辑成《澄江旧话》一书，收入一百六十余篇，共四册，二十万字，于1930年11月出版，发行两千册，一时间洛阳纸贵，风靡江阴，很快便销售一空。

徐再思在《澄江旧话自序》中特地说明：“我之‘澄江旧话’，乃供人消遣之工具”，“其事实确凿，为志乘所未载，具有野史之价值者，固属不少；而漫无稽考，神奇怪诞，‘一经扳驳，性命之托’者，为数亦多”。“彼时仅就社会流传之语，随意写成，在报上发表，以供阅报者之谈助。”没想到，这些具有野史价值的文史小品和神奇怪诞的民间轶闻，竟大受读者欢迎。

《澄江旧话》出版后七十年间，历经战乱变故，原书存世已寥寥无几，一些文史爱好者四处寻觅而不可得。1999年，江阴市暨阳名贤研究院委请徐再思之子徐敬亮先生，会同吴文达、黄奋扬两位先生，按原本校订并加上标点，由中国文联出版社再版发行，从而使报人徐再思的这部名作得以继续流传。

◎古今江阴女婿中的名人◎

“门阑多喜气，女婿近乘龙。”这是唐代大诗人杜甫《李监宅》一诗中的名句。古往今来，江阴女婿中不乏出类拔萃、声名卓著的精英人物，他们曾经在历史的长空中闪发出夺目的光辉。

北宋名臣蔡襄与江阴葛氏家族

历史上，江阴女婿中最著名的人物莫过于北宋一代名臣蔡襄。

蔡襄（1012—1067），字君谟，北宋福建路兴化军仙游县人。官至端明殿学士，卒赠礼部侍郎。他不仅是一位杰出的政治家，而且是一位著名的书法家，被列为宋代四大书法家之一。其主要著作有《宋蔡忠惠文集》《荔枝谱》《茶录》等。他主持建造的泉州万安桥（又称洛阳桥），是中国现存年代最早的跨海梁式大石桥。

留诗悟空院

蔡襄像

出身于农家的蔡襄，自幼在外公家读书。十二岁时，仙游县尉凌景阳偶然发现蔡襄和他的弟弟聪颖可教，便推荐两人入县学就读。后来，凌景阳调往莆田（兴化军）任职，又将两人荐入军学深造。

宋仁宗天圣七年（1029），蔡襄十八岁。他和弟弟蔡高从家乡出发，历经艰难困厄，长途跋涉五千里，前往京城开封参加府试。此时，凌景阳已任职于安徽芜湖，蔡襄兄弟俩在途中专程绕道芜湖拜会他。凌景阳深感这次考试对于他俩的前途至关重要，便特地陪同他们一起赴京赶考。等到

今日悟空寺（沈俊鸿摄）

发出榜来，蔡襄名列第一，弟弟则没有考上。

按照宋代科举考试程序，府试过关，便取得了来年再赴京城考进士的资格。凌景阳考虑，离明年春天尚书省礼部会试仅有将近半年光景，要是蔡襄再回家乡去，京城距离福建路途那么遥远，这一往一返，时间都耗费在路途上，哪还有精力读书迎考？不如安排他去江阴，开封离那里近得多。

原来，凌景阳的岳父家就在江阴青旸，那里有一座古刹悟空院，环境十分幽静。经他介绍，蔡襄在悟空院寄居下来，整日埋头读书，为来年春天的会试作准备。光阴似箭，几个月很快过去，眼看考期临近，蔡襄收拾起书本行囊，告别悟空院，再次赴京赶考。

就在天圣八年（1030）会试中，风华正茂的蔡襄进士及第，在紧接着的殿试中，荣登甲科第十名，由此开启了他声名显赫的仕途。取得了功名的蔡襄返乡途中在江阴停留了几天，在他心目中，凌景阳是引领他步入仕途的恩人，江阴则是改变他人生的发迹之地。来到曾经寒窗苦读近半载的悟空院，蔡襄思绪万千，提笔在寺壁上留下一首《久寓悟空院刹，行而书之》：

寂寂精庐切半空，古原高下稻花中。
莲趺披素轻云梵，花萼雕红细雨宫。
孤鹤睡迷千树月，断蝉吟绕五更风。
心縻尺组遥相谢，归马南蹄疾似蓬。

三十四年后，蔡襄的堂内兄葛密（字子发）在悟空院看到这首诗，触景生情，写了一首《睹悟空寺留题寄蔡君谟》：

昔年诗板著莲宫，笔力雄豪墨彩丰。
不日三阶平国政，山僧应待碧纱笼。

蔡襄收到葛密的这首诗，回想起当年寄居悟空院留诗僧壁的情景，不由得感慨有加，特地回了一首《和子发》：

空梁诗板岁年多，唯有秋虫占作窠。
闻道故人时拂拭，此生无奈旧情何。

从蔡襄的这首诗中，可以窥见青年时代悟空院读书那段经历在他心灵深处留下的印痕之深，同时也可以看出他对江阴倾注了深厚的感情。

“良偶”葛清源

蔡襄在青旸悟空院读书，不仅迎来了灿烂的前程，而且觅得了意中人，使他成为青旸葛氏的乘龙快婿。

葛氏是江阴的大族，处士葛惟明曾经参加过科举考试，虽然没有登第，但他酷爱读书，家中积累了成百上千卷书，平时告诫子孙要好好读书。葛惟明有五个儿子，三个女儿，长女嫁给了凌景阳，次女嫁给了进士陈玉，家中还有个小女儿尚未许配人家。

就在蔡襄考上进士重返江阴之时，凌景阳在岳父母面前为他向葛家的小女儿提亲。在蔡襄寄居悟空院读书期间，葛惟明见这位年轻人知书达礼，好学上进，对他早就倍加赞赏，如今又见他进士及第，对这门婚事自然十分中意。蔡襄回到老家，向父母禀明此事，父母见是儿子的恩人凌景阳牵的线，在了解了葛家的情况后，当即就把婚事定了下来。

第二年春，蔡襄赴吏部铨选，被任命为漳州军事判官。返程到江阴青旸，正式迎娶葛氏夫人回乡。新娘葛清源的堂兄葛密赋诗一首，赠给新郎蔡襄，祝贺他高中甲科之后又喜结良缘：

藻思旧传青管梦，哲科新试碧鸡才。
乍依仲宝莲花幕，更下温郎玉镜台。

此时的蔡襄，可以说获得了人生最得意的际遇，新婚之后，便拜别父母，偕同葛夫人前往漳州赴任。

在这之后，蔡襄又多次到过江阴。一次是景祐三年（1036），蔡襄在漳州的任期届满，恰好他的弟弟蔡高中举进士，兄弟俩便一同前往京城，赴吏部铨选，因为还不知道此后将往何处赴任，所以蔡襄在进京途中又来到江阴，将葛夫人和女儿暂时留在岳母家；另一次是当年七月蔡襄赴洛阳莅任，工作安顿下来后，于这一年冬请假赴江阴，接家眷去洛阳；还有一次是蔡襄父亲去世，他在老家服丧结束后，被召赴京复职，北上途中，于皇祐三年（1051）五月陪葛夫人回江阴娘家探亲。

葛清源自嫁给蔡襄之后，随蔡襄四处为官，平时相夫教子，勤俭持家，驭下有度，宜家以礼，于皇祐四年（1052）受封为永嘉郡君。

至和二年（1055）六月，蔡襄痛失爱子，葛氏夫人因伤感过度，病倒于杭州，蔡襄为给夫人治病，在杭州逗留了三个月左右。当年十二月，葛夫人病亡于衢州道中。这对蔡襄来说无疑是雪上加霜，他满怀悲情，写下《过泗州岭》一诗：

> 二十五年间，三回共往还。
> 那知临白首，相失向青山。
> 想像音容在，侵寻鬓发斑。
> 平生多善行，应不下尘寰。

第二年葛氏夫人下葬时，蔡襄亲自撰写了祭文，祭文写得极为哀婉，在颂扬了葛夫人种种贤德之后，文章写道：“姑失孝妇兮，庙失芳荐；夫失良偶兮，子失慈祐。念生存之所立，怅神理之难究，呜呼哀哉！”对于失去这位共同生活了二十五年的“良偶”，蔡襄心中的哀伤难以言表。

情意贯一生

自从二十岁那年成为江阴葛氏的女婿，蔡襄一直与葛氏家族保持往来。葛家发生什么事，他总是十分关心；葛家有人去世，请他写墓志铭，他有求必应。尤其是夫人葛清源的两位堂兄葛宫、葛密哥儿俩，蔡襄更是常常与他们互通信函，赋诗奉和。

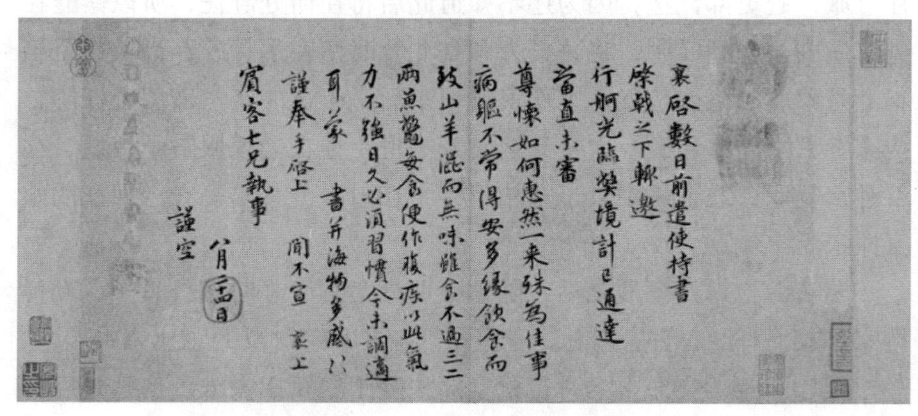

襄啓數日前遣使持書
際戟之下輙邀
行舸光臨弊境計已通達
當直未審
尊懷如何惠然一來殊為佳事
病軀不常得安多緣飲食而
致山羊滋而無味雖食不過三二
兩魚鱉每食便作腹疾以此氣
力不強日久必須習慣今未調適
耳蒙 書并海物多感以
謹奉手啓上 閒不宣 襄上
賓客七兄執事
謹空 八月二十四日

蔡襄写给葛宫的《持书帖》（现藏北京故宫博物院）

论年龄，葛宫比蔡襄大了整整二十岁。早在宋真宗大中祥符五年（1012），蔡襄出生的那一年，葛宫已经登进士第了。他的文章写得很好，曾经上《太平雅颂》十篇，得到宋真宗的夸奖，当即召试学士院，进两阶，到后来积官至秘书监、太子宾客。蔡襄对他十分敬重，与他通信时，尊称他为“宾客七兄”“郎中七兄”。

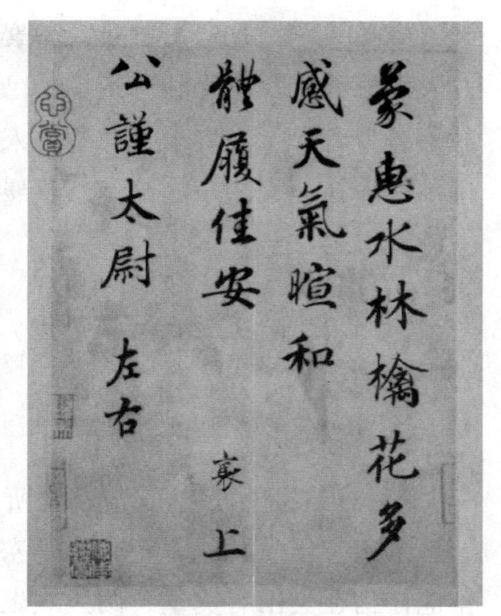

蔡襄书法作品《蒙惠帖》

宋仁宗至和二年（1055）三月，葛宫夫人孙氏病逝，蔡襄不仅为她撰写了墓志铭，而且趁着离京前往泉州赴任的机会，打算顺路到江阴亲自参加七月举行的孙氏葬礼，不料六月蔡襄的长子突然去世，于是改派下属带着他的亲笔书札和祭礼驰往江阴，代他参加孙氏的葬礼。他在写给葛宫的书札中解释了不能亲自前往的原因，并且说带去的一点微薄的祭礼“聊以伸亲戚之好，殊非丰腆，深自为愧”。蔡襄在自己突遭丧子之祸时，对于葛宫夫人孙氏的葬礼仍然这样郑重对待，足见蔡襄对于葛夫人娘家这门亲戚十分看重，非常注重礼节。

宋英宗治平二年（1065）二月蔡襄赴任杭州后，当年八月即作《持书帖》致葛宫，邀请他得便的话来杭一游。他在帖中说，葛宫要是去的话“殊为佳事”。看得出蔡襄很乐意与葛宫这位已经74岁的葛氏亲戚相聚。这件《持书帖》真迹现藏于北京故宫博物院，被视作蔡襄书法中的精品。

葛宫的弟弟葛密，宋仁宗庆历二年（1042）登进士第，先是被任命为光州推官，由于他执法严明，后来升到太常博士之职。他这个人性情淡泊，当官当到五十岁，便自动提前退休，回到老家青旸上湖，建了一座东园，自号“草堂逸老”，他和蔡襄的关系尤为密切。

皇祐三年（1051）五月，蔡襄赴京途中陪葛夫人回江阴探亲时，夫人娘家因兄长葛宏和母亲承氏已相继去世，家中景况已大不如前，而蔡襄带着母亲、妻子儿女和仆人，一行人数众多，于是便由葛密安排，住宿在他家的东园草堂。蔡襄特赋《五月宿江阴军葛公绰草堂》一诗以记之：

曾解征衣寄草堂，枕边泉石自生凉。
休论仙诀能延寿，暂得身闲梦亦长。

第二年二月，蔡襄又应葛密所约，撰写了《葛氏草堂记》一文。

治平三年（1066）正月，葛密应蔡襄所邀，赴杭州游览。蔡襄安排他住宿在吴山有美堂，两人欢聚一堂，畅叙终晚。在此期间，蔡襄写了《答葛公绰》一诗：

山堂争似草堂清，俗事随人百种名。
赖有四窗春茗在，瓯中时看白云生。

蔡襄还将葛密来杭之事告诉了葛宫，他在写给葛宫的回信中提到：“公绰数日前见访敝斋，道话终夕。”可见蔡襄与葛宫、葛密之间的联系和交往十分频繁。

当年二月，蔡襄为母亲九十二岁和自己五十五岁举行家庭寿庆，葛密特地为之赋诗并捎去九龙泉贺寿。蔡襄收到后，回了一首《公绰示及生日以九龙泉为寿依韵奉答》：

多谢山人远祝延，寿杯仍是九龙泉。
余生事事无心绪，直向清凉度岁年。

同年十月，蔡襄的母亲病逝，葛密得讯后立即致书慰问，蔡襄在复信中深表谢意。他在信中写道：“襄素多病，遭此荼毒，就令不死，足膝日盛，气力日衰，亦为废人，岂复相见耶！辱君知爱之心，不殊兄弟，一念哀痛，哽塞何言！”事母至孝的蔡襄，对于母亲的离去悲痛至极，伤感之下，他觉得自己已成为一个废人，今后再也不能与葛密相见了，辜负了葛密的一片“知爱之心”。

第二年八月，蔡襄病逝于莆田家中。这位纯朴、热诚的江阴女婿同江阴，同葛宫、葛密以及整个葛氏家族之间的情意持续了他的一生。

辛弃疾在江阴的三个年头

义帜初张海右，赤手俘齐虏言归，壮声英慨凌霄汉；
牛刀小试江东，雄心扫胡尘都静，武略文经动鬼神。

辛弃疾像

这是江阴鹅鼻嘴公园内辛侯亭上的一副对联，该亭为纪念南宋爱国词人辛弃疾曾任职于江阴而建。

辛弃疾（1140—1207），原字坦夫，改字幼安，别号稼轩，历城（今山东济南）人。他不仅是南宋杰出的爱国将领，一生力主抗金，而且是词坛一代大家，被称为“人中之杰，词中之龙”。他的风格沉雄豪迈又不乏细腻柔媚之处的词作，以其内容上的爱国思想，艺术上的创新精神，在中国文学史上产生了很大影响。

南归后首任江阴签判

辛弃疾出生时，包括他家乡在内的中原已被金兵占领了十多年，从小目睹汉人在金人统治下所受的屈辱与痛苦，使他在青少年时代就立下了恢复中原、报国雪耻的志向，在金统区人民奋起反抗的怒潮中，他毅然参加了耿京领导的抗金义军。

江阴辛侯亭（沈俊鸿摄）

宋高宗绍兴十二年（1162）闰二月，辛弃疾率领五十多人突袭数万人的敌营，把杀害耿京的叛徒张安国擒拿带回建康，交给南宋朝廷处决。江阴辛侯亭上那副对联的上联所描绘的就是这一惊天动地的壮举。辛弃疾过人的机敏、果敢和胆略，使他名重一时，声震朝野。宋高宗连声赞叹他的英勇行为，任命他为江阴军签判，这一年他二十三岁。

“签判”的全称是“签书判官厅公事”，官阶只有“从八品”。辛弃疾这样一位智勇双全的良将，南归后并没有被朝廷所重用，仅仅被授以签判这一闲散文职，显然是大材小用了。此时的辛弃疾，初出茅庐，风华正茂，一腔热血，壮志凌云。他的远大抱负是要扫除胡虏，收复北方失地。担任签判这样的职务，对他来说只能算是牛刀小试。辛侯亭上那副对联的下联就是写他在江阴时的状况。

辛弃疾在江阴任职将近三年，负责起草、书写来往公文，协助知军处理地方政务，这是他南归后担任的第一个职务。他知道，地处长江南岸的江阴军虽然并不大，下辖仅江阴一县，但在宋金战事频繁的年月，这里正处于前沿阵地，战略地位十分重要，抗金名将韩世忠、岳飞都曾经在这里驻防过。就在他南归的前一年十月，驻守江阴的两浙西路马步军副总管李宝，率领一百二十艘战船、三千将士，由江阴出发进入东海北上，在胶州湾海战中火攻金兵战船，大获全胜，将金军水军消灭殆尽。宋孝宗向张浚下达北伐诏书后，辛弃疾密切关注着宋军北伐的战况，至于自己个人的得失、职位的高低，他此时未必十分在意。

是金子终究会闪光。从江阴军签判离任后，辛弃疾先后任广德军通判、建康府通判，他那卓越的政治军事才能不断展现，此后历任湖北、江西、湖南、福建、浙东安抚使等地方显职，成为独当一面的帅臣。

纵观辛弃疾在南宋的仕宦生涯，正是从江阴这样一个滨江小城起步的。有学者认为，他南归后首任江阴军签判，与其夫人赵氏是江阴人有关。

原配夫人江阴赵氏

清乾隆《江阴县志》载有辛弃疾那首享誉千古的名词“永遇乐”：“千古江山，英雄无觅，孙仲谋处……想当年，金戈铁马，气吞万里如虎……凭谁问，廉颇老矣，尚能饭否？”题目为《寄乡达丘宗卿》。“乡达”，是指显达的同乡。丘宗卿，即南宋抗金重臣丘崈，他年长辛弃疾五岁，是辛弃疾南归后志同道合的挚友。辛弃疾自己是山东历城人，而丘崈是江阴人，辛弃疾将丘崈称作同乡，显然是指他夫人的同乡，可见辛弃疾夫人也是江阴人。

长期以来，史学界普遍认定辛弃疾的夫人为范氏，但是这范氏是邢州唐山（今河北邢台）人，并非江阴人，她的父亲范邦彦同辛弃疾一样由金统区南归，曾任镇江府通判。

2007年，宋史研究者辛更儒教授在《辛弃疾家室再考》一文中披露，据新发现的《菱湖辛氏族谱》之《陇西派下支分济南之图》记

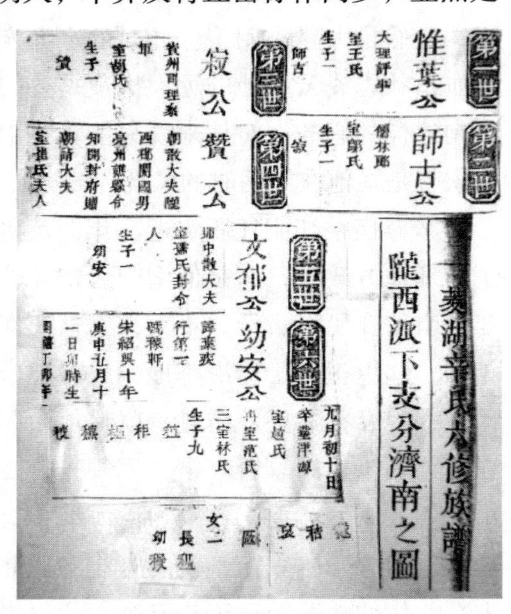

《菱湖辛氏族谱》之
《陇西派下支分济南之图》

载，辛弃疾“室赵氏，再室范氏，三室林氏”。又据该谱《济南派下支分期思世系》记载：辛弃疾“初室江阴赵氏，知南安军修之之女孙，卒于江阴，赠硕人。继室范氏，蜀公之孙女，封令人，赠硕人。”

这表明，辛弃疾的原配夫人是江阴赵氏，她是曾经担任南安军知军的赵修之的女孙，范氏则是继室。

2006年9月，江西铅山县出土“有宋南雄太守朝奉辛公圹志”，这是辛弃疾孙子辛鞬的墓志，上面刻有辛弃疾“妣硕人赵氏、范氏”。辛鞬圹志的这一记载，与辛氏族谱记载相一致，说明辛弃疾的原配夫人确为赵氏。据辛更儒考证，辛弃疾与江阴赵氏不仅在他南归之前便已成婚，长子辛稹、次子辛秬也都是赵氏所生，而且均生于他南归之前。

当辛弃疾南归时，赵氏夫人随同他一起回到了江南。南渡后，辛弃疾来到夫人的家乡江阴任职。虽然他内心打回中原老家去的念头一刻也没有消停过，但在江阴这几年的日子，比起南归前在抗金义军中的战斗生活平静多了，他在《美芹十论》中自称“官闲心定”。夫人的料理，使他感受到了家庭的温暖。只可惜，没过几年，赵氏夫人便在江阴去世。

壮志难酬始作词

自从来到江阴后，光阴荏苒，冬去春来，辛弃疾迎来了他到江南后的第一个立春。看到赵氏夫人按风俗剪彩为燕形小幡，戴在头鬓间，他想到正在北飞的燕子，可能已经把他的山东家园作为归宿了；想到去年由塞北来的大雁已先他而北还，而自己收复中原的愿望何时才能实现？时光消逝，壮志难酬，辛弃疾挥笔写下了《汉宫春·立春日》：

春已归来，看美人头上，袅袅春幡。无端风雨，未肯收尽馀寒。

年时燕子，料今宵梦到西园。浑未办黄柑荐酒，更传青韭堆盘？

却笑东风从此，便薰梅染柳，更没些闲。闲时又来镜里，转变朱颜。清愁不断，问何人会解连环。生怕见花开花落，朝来塞雁先还。

辛弃疾一生词作甚多，但至今尚未发现他南归前写过词，现存六百多首词作则始自江阴。据历史学家邓广铭先生考订，辛弃疾南渡后写下的这首《汉宫春·立春日》作年最早。在看似“官闲心定”实质愁绪如麻的环境中，辛弃疾开始倾注于词这一宜于表达激荡多变情绪的文学体裁，将一腔忧愤寄于词间。作为《稼轩词》的开山之作，《汉宫春·立春日》出手不凡，以其清新的格调，开南宋一代词风，显现出辛弃疾词坛大家的本色。“清愁不断，问何人会解连环。”字里行间，流露出作者盼望打回山东去的急迫心情。

隆兴二年（1164）春末，张浚北伐失败的消息传到江阴，辛弃疾眼见得主战派人物陆续被排斥出南宋政府，主和派、投降派的人物又在朝廷里占了上风，他在忧虑之下写下《满江红·暮春》一词：

家住江南，又过了清明寒食。花径里一番风雨，一番狼藉。红粉暗随流水去，园林渐觉清阴密。算年年落尽刺桐花，寒无力。　庭院静，空相忆。无说处，闲愁极。怕流莺乳燕，得知消息。尺素如今何处也？彩云依旧无踪迹。谩教人羞去上层楼，平芜碧。

辛弃疾的这首词，从表面上看，写的是伤春和对美人的思念，实际上寄托的是他无法收复中原的失意政治理想。“尺素如今何处也？彩云依旧无踪迹。”寥寥十四个字，表达了作者难以平复的爱国幽愤。

据有关学者考证，辛弃疾的《菩萨蛮·赠张医道服为别，且令馈河豚》《江城子·戏同官》《惜奴娇·戏同官》《乌夜啼·戏赠籍中人》等词，也都是他在江阴这三年内的作品。词中点到的“江头”“江国”都是指江阴。词中写到的河豚，是江阴著名特产，在宋代被称为天下第一。

呕心沥血撰写《美芹十论》

张浚北伐失败后，宋孝宗遣使与金议和。辛弃疾忧心如焚，夜不能寐。位卑未敢忘忧国，他虽然只是一个官职低微的江阴军签判，在国家危机面前，他觉得再也不能沉默了。强烈的忧国忧民之心，促使他奋笔写下了一万七千多字的《美芹十论》，准备上呈给孝宗皇帝。

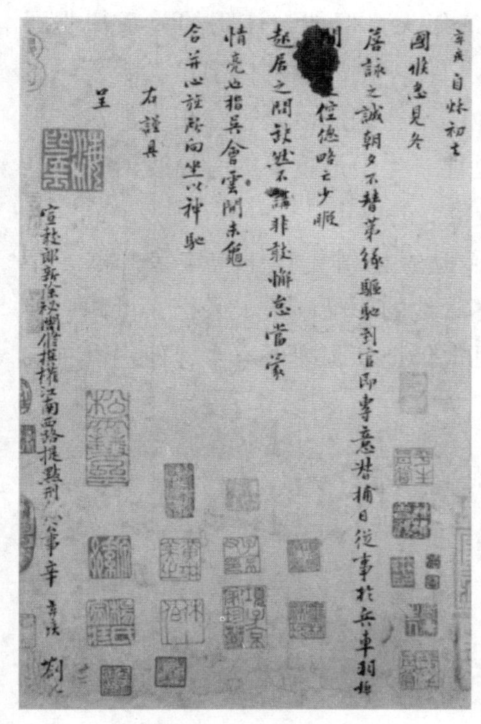
弃疾自秋初去
国倏忽见冬
詹咏之诚朝夕不替第缘驱驰到官即专意督捕日从事于兵车羽檄
偬略亡少暇
起居之问缺然不讲非敢懈怠当蒙
情亮也指吴会云间未龟
合并心旌所向坐以神驰
右谨具
呈
宣教郎新除秘阁修撰权江南西路提点刑狱公事辛
弃疾
札子

辛弃疾手迹孤品《去国帖》
（北京故宫博物院藏）

《美芹十论》又名《御戎十论》。辛弃疾在这篇奏章中从抗金实际情况出发，全面阐述了自己对宋、金形势的深刻见解。奏章中指出，中原之民如今“怨已深，痛已钜，而怒正盈”，“一旦缓急，彼将转相告喻翕然而起，争为吾之应矣”。所以，他相信，只要朝廷上下能同仇敌忾，自强自奋，恢复旧疆将不难成为现实。

辛弃疾在《美芹十论》中系统地陈述了朝廷为抗金救国、收复失地、统一中国所应采取的战略措施，从政治、经济、军事、民心向背等方面展开周密而完备的论述。他希望南宋小朝廷不要偏安江南一隅，而要立志收复失地。这一忠告表达了他“男儿到死心如铁”的豪情壮志。

《美芹十论》是辛弃疾的呕心沥血之作，是对宋、金双方国情民意以及和战问题的最全面、最精辟、最系统的分析总结，十个方面的论述皆有的放矢，高屋建瓴，带有指导全局的意义，显示了辛弃疾政治上的远见卓识和英伟磊落的文风。

隆兴二年（1164）初冬，辛弃疾在江阴任职期满。他怀着一腔忧愁却又不屈的心情，带着他完成的《美芹十论》手稿，离开了江阴。

辛弃疾虽然在江阴只待了三个年头，但他与江阴的关系却非同一般，不仅他的原配夫人是江阴人，他一生的挚友丘崈是江阴人，而且江阴是他南归后仕途的起点，他的不朽词作也始于江阴，他在江阴签判任上写下的《美芹十论》，是他一生中最重要的一篇政治军事论文，也是他在江阴三年间取得的最重要的成果。

辛弃疾的那首《永遇乐·寄乡达丘宗卿》作于宋宁宗开禧元年（1205），此时他已六十六岁。尽管他的原配赵氏夫人已去世四十年左右，但他仍称丘崈为乡达，可见他仍把江阴视作家乡，他仍没有忘记自己是江阴女婿。

元代大画家倪瓒与江阴

倪瓒

倪瓒（1301—1374），号云林子，被称为中国古代十大画家之一，擅画山水、墨竹，亦擅诗文。他的画作笔简意远，逸气横生，在元代画坛上影响很大，与黄公望、王蒙、吴镇合称“元四家”。存世作品有《渔庄秋霁图》《六君子图》《幽涧寒松图》《容膝斋图》等。著有《清閟阁集》。倪瓒是无锡人，他的一生与江阴有着密切的关系。

对江阴妻子一往情深

倪瓒的妻子蒋圆明（寂照），江阴人，这是一个十分贤惠的女子，自从二十一岁嫁到无锡倪家之后，勤俭持家，孝敬尊长，家庭和睦，里人称颂。

元至正十三年（1353），倪瓒目睹酷吏暴政，时局动荡，民不聊生，便变卖了家产，与妻子一起奉母避居江阴东清河畔（今长泾习礼）。在江阴隐居期间，尽管生活清贫，夫妇俩相依相随，患难与共。不幸的是，至正二十三年（1363）九月，蒋氏因病去世。她与倪瓒共同生活了三十七年，生两男三女。

妻子的亡故，对于倪瓒来说是最大的打击。翌年正月，他怀着无比沉痛的心情作诗悼念：

幻形梦境是耶非，缥缈风鬟云雾衣。
一片松间秋月色，夜深惟有鹤来归。

梅花夜月耿冰魂，江竹秋风洒泪痕。
天外飞鸾惟见影，忍教埋玉在荒村。

倪瓒还在诗后自注："君姓蒋氏，讳圆明，字寂照，暨阳人也。年二十一归于我，勤俭睦雍，乡里称其孝教。岁癸巳，奉姑挈家避地江渚，又一年不事膏沐，游心恬淡，时年四十有七矣，如是者十一年。癸卯九月十五日微示疾，十八日清晨翛然而逝。甲辰正月二十四日题。"

此后的数年，倪瓒久久不能摆脱丧妻的哀痛。至正二十五年（1365）清明，他又写下这样一首悼亡诗：

春风雨多曾少晴，愁眼看花欲泪倾。
抱膝长吟酬短世，伤心上巳复清明。

乱离漂泊竟终老，彼此去住难为情。
孤生吊影吾与我，远水沧浪堪濯缨。

倪瓒对妻子可谓一往情深，任岁月流逝，他始终忘不了她。

与江南才子张宣等人的交往

倪瓒一辈子交过不少画友诗友，其中有一位江阴人张宣，字藻仲，七岁便能作诗，有"神童"之称，是元末明初名盛一时的江南才子，曾被明朝开国皇帝朱元璋呼为"小秀才"，备受恩宠，年纪轻轻便被授以翰林院编修，受命协助宋濂续修《元史》。

张宣的父亲是元末著名诗人张端，人称沟南先生，他是倪瓒交往多年的老朋友。张宣自幼便跟着父亲与倪瓒打交道，长大后成了倪瓒的忘年交，他比倪瓒足足小了三十多岁。虽然两人年龄相差悬殊，却并不存在代沟，一老一少常常在一起吟诗作画饮酒，十分投机。有一次，倪瓒做客张宣处，写下了《张藻仲留饮草堂因赋》一诗：

为爱城居似野居，女萝缘径水循除。
博山云幕尊中酒，庭竹风翻榻上书。
已觉新凉生笔砚，也知远兴到鲈鱼。
秋来白羽非无用，揽辔澄清志不殊。

倪瓒这首诗向为江阴人所推崇，先后被明崇祯以及清康熙、道光、光绪年间纂修的《江阴县志》所载录。

倪瓒与张宣还常通过书信往来，谈诗论画。明代江阴北涸人李诩所著《戒庵老人漫笔》卷七有一篇《云林柬》，收录了倪瓒写给张宣的两封信。其中一封是张宣代人请倪瓒画一幅《剡源九曲图》并赋诗，倪瓒写给张宣的回信，信中写道：

图写景物，曲折能尽状其妙趣，盖我则不能之。若草草点染，遗其骊黄牝牡之形色，则又非所以为图之意。仆之所谓画者，不过逸笔草草，不求形似，聊以自娱耳。

倪瓒《幽涧寒松图》

倪瓒的这段文字六百多年来常被后人所引，称之为

"云林画论"。

倪瓒在另一封信中写到"能书画者，非神虑凝静风日清美则不为之"，"吾藻仲妙于书画，当不以仆言为然耶？"从这封信可以看出，原来张宣也擅长书画，两人称得上是艺术上的知音。只可惜张宣后来被谗流放，途中一时想不开，竟然吞金而亡，年仅三十四岁。

除了张端、张宣父子外，倪瓒还同袁仲征、许君震、许士雍等其他几位江阴友人有来往。元至正十二年（1352）二月，袁仲征访倪瓒于南兰陵寓舍，倪瓒作五言一首赠之；许君震是位"精医药"的郎中，倪瓒曾赠给他七言律诗《赋许君震杏林小隐》；六十四岁那一年，倪瓒为许士雍画了一幅墨竹图，并在画上题七绝一首。

倪瓒为江阴友人许士雍画的《墨竹图》

隐居江阴期间写下的诗篇

倪瓒不仅是一位著名的画家，而且是一位杰出的诗人，人们称颂他诗名与画名并重。他的诗同他的散文一样，清隽淡雅，不事雕琢。

在江阴隐居期间，倪瓒写下了广为传诵的《江南春》诗：

汀洲夜雨生芦笋，日出曈昽帘幕静。

惊禽蹴破杏花烟，陌上东风吹鬓影。
远江摇曙剑光冷，辘轳水咽青苔井。
落花飞燕触衣巾，沉香火微萦绿尘。
春风颠，春雨急，清泪荧荧江水湿。
落花辞枝悔何及，丝桐哀鸣乱朱碧。
嗟我胡为去乡邑，相如家徒四壁立。
柳花入水化绿萍，风波浩荡心怔营。

此诗勾勒出的是一幅“落花辞枝”的暮春景象，其笔触清丽婉约、柔美凄怆，整个诗篇由景生情，情景交融，抒写出了倪瓒漂泊隐居期间的清贫生活和怅惘情绪。

在江阴，倪瓒还写下了另一首脍炙人口的《居竹轩》诗：

翠竹如云江水春，结茅依竹住江滨。
阶前迸笋从侵径，雨后垂阴欲覆邻。
映叶黄鹂还共语，傍人白鹤自能驯。
遥知静者忘声色，满屋清风未觉贫。

与前诗相比，同样写到清贫的隐居生活，倪瓒在字里行间显露出来的心情却平静、超脱得多，通过笔下的翠竹、黄鹂、白鹤，把他居所的环境写得生机勃勃，活脱脱一个宁静淡泊的隐士。

倪瓒在江阴留下的这两首诗，载入了明清多部《江阴县志》，其中《居竹轩》诗还入载1992年出版的《江阴市志》“古诗吟江阴”。

为十岁小童徐麒绘图题诗

徐霞客故乡著名的《晴山堂石刻》中，有一首倪瓒的诗作《题书屋图》。那是明洪武三年（1370）正月初七，年已古稀的倪瓒前往江阴梧塍造访老朋友徐直，不料徐直不在家，他十岁的儿子徐麒代表父亲，驾船将倪瓒接到家里。倪瓒见他小小年纪，眉宇间灵气飞扬，清秀不凡，预料他“异日必能乘长风破巨浪”，便为他取字为本中。为了勉励徐麒勤奋读书，倪瓒特地为他绘了一幅书屋图，并在画上题了一首诗：

问字惭荒老，垂髫喜亢宗。
亲方行役远，道在慎吾中。
露净当空月，香馀隔户风。
幽斋无长物，琴帙隐高松。

从诗中可以看出，倪瓒对于徐麒这位小后生非常赏识，他很为老朋友有这样的儿子感到兴奋。作为一位年迈的师长，他谆谆教诲徐麒要明白求学为人都要慎诚不懈的道理。倪瓒的眼光果然不错，徐麒长大成人后，成为徐氏家族中一位很有作为的人物，他就是徐霞客的远祖、梧塍徐氏九世祖。

与习礼儒医夏颧的忘年之交

倪瓒自妻子病逝后，在元末战乱中浪迹江南，四处漂泊，往来于五湖三泖间。朱元璋的明王朝建立后，江南渐渐安定下来。当倪瓒回归乡里，老家无锡早已没有了他的安居之所，于是，便寄寓江阴长泾（习礼）他的姻戚邹惟高家中。此时的倪瓒年老体衰，常常生病，正好离邹家不远有位年轻的乡村郎中夏颧，据说也是邹家的姻戚，倪瓒常去求医，一来二往，两人竟结下忘年之交，成为志趣相投的烟霞契友。

夏颧，字叔度，号雪洲。他的父亲在元朝曾经当过上海县主簿，在他很小的时候便去世了。夏颧长大后没有像父亲那样去混迹官场，而是扎根在乡间，拜名医为师，走上了悬壶济世之路。他这个人对名利非常淡漠，却喜欢结交一些文人墨客。自从与倪瓒相识后，对他十分仰慕，见他老人家体弱多病，为方便诊疗，干脆把他接到自己家

江阴适园倪瓒山水画石刻

里，并专门为他盖了三间屋，让他住在里面安享晚年。倪瓒将其中一间命名为“澄怀堂”，含义是怀念江阴籍妻子蒋氏；另一间取名“停云轩”，意思是我倪云林就在这里住下来了；还有一间起了个“三近斋”的名字，这是指第三间屋靠近夏颧的书房。

倪瓒住在夏颧那儿，平日里鼓琴弈棋，赋诗作画，相处甚欢。

在江阴度过的最后岁月

明洪武七年（1374）中秋节，倪瓒的姻戚邹惟高在家里举行观月宴，特地把他请了去。朗朗月夜，喜欢喝酒的倪瓒却因那段日子脾疾缠身，不能饮酒，心情也就好不起来。当天晚上，他在灯下写了首《中秋脾疾不饮有感》，吐露自己内心的不快，这是他生前所作的最后一首诗：

经旬卧病掩山扉，岩穴潜神似伏龟。
身世浮云度流水，生涯煮豆爨枯萁。
红蠡卷碧应无分，白发悲秋不自支。
莫负尊前今夜月，长吟桂影一伸眉。

毕竟已是风烛残年，倪瓒的病情越来越沉重，尽管夏颧竭力医治，悉心照料，还是未见起色。这年十一月十一日，倪瓒在他的契友夏颧家去世，享年七十四岁。夏颧极其悲痛，为他操办了后事，将他安葬在习礼陈店桥北。后由其孙倪敬将他归葬无锡芙蓉山祖茔，倪瓒的苏州友人周南老为他写了墓志铭，而他的江阴朋友、著名诗人张端则撰写了《云林倪先生墓表》。

在倪瓒的棺木迁离江阴习礼时，夏颧特赋《挽云林先生》为之送行：

几年旅衬暨阳东，今日迁归古陇中。
秘阁云林成姓字，画图诗卷播高风。
举杯欲酹情何切，挂剑长吁墓已空。
回首芙蓉山下路，禁烟时节雨濛濛。

由于倪瓒在元末乱世中漂泊多年，生前未能将诗作刊刻问世，直到明代中期，才有了两个刻本，其中一个由明初诗文家、学者、藏书家、江阴人孙大雅作序，史称孙大雅序本。与他同时代的江阴诗人王逢以及在他之后曾任户部郎中的明代江阴诗人、学者卞荣都曾赋诗称颂过他，明代主掌吴门文坛的江阴人王穉登还曾为倪瓒清閟阁遗稿作序。江阴适园内，至今还保存着一幅倪瓒山水石刻。看来，对于一代大画家、高士倪瓒这位江阴女婿，江阴人十分敬重。

与江阴陈氏联姻的两江总督张人骏

张人骏

江阴新闻界前辈徐再思1930年出版的《澄江旧话》中有一篇《陈荣绍弟兄》，该篇写道："江阴清季有四大姓，专制时代所谓缙绅之家也。""所谓四姓者，陈章沙祝也，陈居四姓之首。"文章披露，晚清咸丰、同治年间的陈荣绍"可谓一门鼎盛。清末两江总督张人骏，即荣绍快婿"。

张人骏（1846—1927），原字健庵，取"人中骏马，驰骋千里"之意，又将字改为千里，号安圃，晚号湛存居士。他在四十余年的官宦生涯中，曾担任广西按察使，广东、山东布政使，山东、河南、广东、山西巡抚，两广总督、两江总督兼南洋通商大臣等要职，是晚清历史上的一位重要政治家。

不懈抗争维护主权

张人骏出生于河北丰润大齐坨村的丰润张家，这丰润张家是当地赫赫有名的名门望族，从清代到民国出过许多达官、名人，如张人骏的堂叔、晚清名臣张佩纶，张人骏的堂侄女、著名女作家张爱玲等。在丰润张家当官的人中，以张人骏品级最高。

在书香门第中长大的张人骏，从小聪慧过人，刻苦读书，十九岁考中举人，二十三岁进士及第，历官同治、光绪、宣统三朝，成为清王朝的一代重臣。他一生以“忠于大清”自诩，尽管他传统的保守思想严重，但是当国家主权遇到外人侵犯时，他在忠君报国思想基础上，大义凛然，敢于同外强不懈抗争，特别在两广总督任内，他曾坚决反击英国、日本、葡萄牙等列强的挑衅和侵略，维护了国家主权和领土完整。

光绪二十七年（1901），日本商人西泽吉次看上了位于南海北部海域的东沙岛，三番两次登上这座磷质矿砂资源丰富的岛屿，甚至集结了百余人将岛上渔民赶走。之后他们便在岛上建了码头和工厂，并称这是块“无主荒地”，公然挂起了日本国旗，将其改名为“西泽岛”。

光绪三十三年（1907），张人骏就任两广总督，当他听闻西泽吉次的恶行后，勃然大怒，立即与日本驻广州领事赖川交涉，强调东沙岛是中国的领土。赖川耍无赖，反问：“你说是你们的领土，怎么证明呢？”经过调查取证，张人骏向赖川指出，岛上曾经有中国渔民建的庙宇，西泽吉次竟然将这些庙宇尽数拆毁，想毁灭证据，但庙宇地基还在。他还指出著名学者王之春著的《国朝柔远记》，还有英国海军海图官局编《中国江海险要图志》，以及中国和英国出版的一些地图，都明确记载东沙群岛属广东省管辖，并非什么“无主荒地”。在铁证面前，赖川只能承认东沙岛确实是中国领土。1909年11月，日本人彻底退出东沙岛。

与此同时，张人骏命令广东水师提督李准率船舰巡视西沙诸岛，每到一处皆勒石命名，鸣炮升旗，宣示主权。中国政府公布的南海诸岛中，有一块岛礁被命名为“人骏滩”，就是为了纪念张人骏派军舰巡视西沙群岛。

一生功绩付之东流

宣统元年（1909），张人骏调任两江总督兼南洋通商大臣，他在

由张人骏担任会长的南洋劝业会颁奖典礼

任期内政绩斐然，为两江地区（现江苏、安徽、上海和江西）所做的一些事情可圈可点。

上任伊始，正赶上南京筹办南洋劝业会，这是一次国际性的博览会。在张人骏主持下，博览会办得十分成功，参赛物品数以百万，琳琅满目，吸引了大约30万海内外客商、观众，开创了中国人自办博览会的历史先河。博览会筹备期间，为了方便宾客游览玄武湖，张人骏在神策门和太平门之间开辟一道新门，并筑新堤直通环洲，从此游玄武湖就不必乘船。因张人骏是丰润人，手下人为了讨好他，将其命名为“丰润门”（1931年，改丰润门为玄武门，并沿用至今）。他还命人在劝业会会场东侧，另外开辟出一条马路，被取名为“丰润路”，由此改变了南京的城市格局。张人骏还批准建造江宁电灯厂，让电灯从官府走进寻常百姓家，从此结束了南京的油灯洋蜡历史。

在上海，张人骏筹办了北市自来水厂，改变了英国人控制上海用水的局面，方便了居民用水。在江西，为便于中外人士庐山览胜，他与江西巡抚冯汝合商，修筑了江西第一条公路。张人骏也很体察民情，甚至不惜动用自己的行政经费，赈灾济民。

尽管三朝元老张人骏对朝廷忠心耿耿，尽心尽职，但是他所忠诚的大清王朝已处于风雨飘摇的境地，革命风暴将他卷入了旋涡之中。武昌起义爆发后，张人骏依仗张勋的兵力，准备顽抗到底。他的部下曾劝他顺应潮流，宣布南京独立。他却声称只要有他在，“乱党”不可能攻入南京，并表示誓与南京共存亡。

张人骏（右）与末代帝师陈宝琛（中）、朱益藩（左）合影

没过多久，在同盟会组织的联军攻击下，南京已岌岌可危，失守在即，他没有以自杀来保持“忠臣”的名节，而是选择了弃城逃跑。趁着天黑，他和江宁将军铁良坐在箩筐里缒下城墙，逃出了南京。

张人骏为官数十年，为国家，为大清，也为百姓做了不少大事、实事、好事，颇值得称道。没想到，最后却栽在革命党手里，落下个“箩筐总督”的耻辱之名，一世英名付之东流。直到死，张人骏都不能对自己的这一逃跑经历释怀。

荣耀一时的江阴女婿

张人骏二十三岁中进士后，娶了同乡韩氏为妻。韩氏生了四子两女后病故。四十三岁那年，张人骏续弦陈氏，之后，陈氏又为张家再添两子。

这陈氏夫人是江苏江阴人，出身于江阴城内声名卓著的来昭陈氏家族。张人骏的岳丈陈荣绍，字子惠，是家族中最具声望的人物，咸丰三年（1853）中进士后，曾入翰林，并担任过户部广西司主事，兼河南司行走。他常居在京城，因文章写得好，被称为文宗，才名震全国，历任阅卷大臣。他性格耿直，喜欢提携后辈，曾组织登瀛社文社。全国各地的名流举子，赴京城赶考，都要求进登瀛社，请陈荣绍品题指点。举子写的文章倘若被他赏识，能够名列文社榜前十名者，此人也必名重京师，考进士也就有希望了，可见陈荣绍的声望非同凡响。

张人骏续娶陈氏时，岳丈陈荣绍已经过世。对于陈氏夫人这样一位大家闺秀，张人骏自然十分看重。陈氏夫人自从嫁给张人骏后，随着丈夫四处为官，跟着他辗转各地，成为他的贤内助。张人骏任职两广总督期间，因敢于据理抗争外国列强而令外国人刮目相看。夫荣妻贵，英港总督专程谒见张人骏，其夫人亦同时拜见张人骏妻子陈氏夫人，并以礼相待。当时，广东人以中国有此体面外交莫不交誉。

张人骏调任两江总督的当年，曾赴江阴登上黄山，周览形胜，实地勘测要塞炮台，事后，他上奏朝廷，建议缓建江阴要塞，理由是"以长江流域论，江阴犹重门也，吴淞犹外户也，主人防盗，断无洞开外户，而紧守重门之理。""查此项工程需银五十万两，系在新案盐斤加价项内提用，本属设法腾挪，既非急不及待之工，又值财政万窘之际，似应从缓办理。"

张人骏此次到了江阴，岳丈家自然非去不可。封疆大吏登门，夫人娘家的荣耀可想而知。据陈氏族人回忆，当张人骏与陈氏夫人坐官船前往岳丈家时，"回避""肃静"的令牌开道，大红地毯从城河码头一直铺到陈宅大门口，可谓威风八面。

令张人骏始料不及的是，仅仅两年后，辛亥革命爆发终结了他的仕途。当南京城遭到起义军攻击后，怕不在身边的陈氏夫人为他担忧，特地给她写了一封信：

十八日事虽危险，而我并不惊慌，出花园后，即有军队保护，至张少轩处，晚住北极阁。今日辰刻回署，一切照常。物件亦无遗失（小物略有损失），老毛等闻我至，现已前来服役。惟连日未得好睡，未免疲倦，一切情形温委员详述即知。倦极，不能多写。

从信中可以看出，此时的张人骏，往昔总督大人的威风荡然无存，嘴上说“并不惊慌”，实际上已是狼狈不堪。

张爱玲笔下的“二大爷”

张人骏的晚年是在青岛度过的，这位前清遗老此时早已风光不再。

他与袁世凯曾是盟兄弟，又是儿女亲家。陈氏夫人为他生的五子允亮，光绪三十四年（1908）娶了袁世凯的大女儿伯祯为妻。自从清朝被推翻后，信守“食君之禄，当报王恩”的张人骏，对于袁世凯连番背叛朝廷，先当大总统，又称洪宪皇帝的做法极端鄙视。他拒绝出任一切民国职务，也绝不与袁世凯相见，甚至移居青岛以避之，“不肯与袁同在一个城市”。他的儿子允亮受他影响，常托故不去见丈人袁世凯，媳妇袁伯祯嫁鸡随鸡，也不回娘家去见父亲。张人骏满意地称赞道：“此佳儿，贤妇也。”

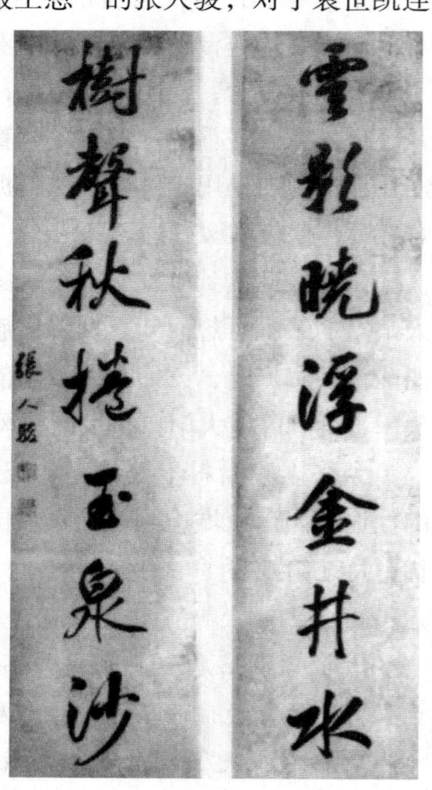

张人骏墨迹

张人骏是一个典型的旧式正人君子，他一生不纳妾，也不许家中子弟纳妾。他不允许子弟吸鸦片，家中禁止赌博。为官期间清廉自持，家无余财。避居青岛后，庞大的家庭聚族而居，五六十人，摇铃开饭，日子过得紧巴巴的，幸亏能得到一些救济。

一代才女张爱玲的父亲是张人骏的堂弟，张爱玲称呼张人骏为“二大爷”。她在自传《对照记》中绘声绘色地写下了童年时期看望“二大爷”的情景：

路远，坐人力车很久才到。冷落偏僻的街上，整条街都是这一幢低矮的白泥壳平房，长长一带白墙上一扇黝黑的原木小门紧闭。进去千门万户，穿过一个个院落与院子里阴暗的房间，都住着投靠他们的亲族。虽然是传统的房屋的格式，简陋得全无中国建筑的特点。

……带路的仆人终于把我们领到了一个光线较好的小房间。一个高大的老人永远坐在藤躺椅上，此外似乎没什么家具陈设。

我叫声“二大爷”。

“认多少字啦？”他总是问。再没第二句话。然后就是“背个诗我听”。

“再背个。”

每当张爱玲背到“商女不知亡国恨，隔江犹唱后庭花”，张人骏的泪珠就簌簌地滚了下来。对于大清王朝的覆灭，他永远是那样的悲伤。

张人骏，这位江阴女婿，他爱国，爱大清，爱了一辈子。

苏州乐益女中的创办人张冀牖

张冀牖（1889—1938），原名武龄，字吉友，祖籍安徽合肥。博览群书，工诗词，善书法，酷爱戏剧，尤对昆曲有一定研究。1917年定居苏州，热心于地方教育事业，先后创办乐益女中、平林中学。

张冀牖办学

张冀牖

张冀牖的祖父张树声是清代著名淮军将领，曾先后担任江苏巡抚、两广总督。他看重吴地人文史迹，重修过苏州沧浪亭内五百名贤祠，并撰写宝带桥碑记。深受祖父影响的张冀牖，从小就喜欢读书，钟爱中华传统文化。

1911年，张冀牖举家自合肥迁上海，1917年又从上海移至苏州，先是住在寿宁弄，几年后搬往九如巷。"五四运动"后，他接受了不少新思想，深知教育尤其是女子教育的重要，于是在1921年变卖部分家产，取"乐观进取，裨益社会"之意，独资创办乐益女中。

学校占地二十亩，有校舍四十余间，购置了理化仪器、钢琴、图书、运动器械等教学设备，还有中式的花园，宽敞的风雨操场，以及供学生课间休息的凉亭，亭子周围遍植白梅和绿柳。

张冀牖亲自撰写了一首校歌，他把办学宗旨和校名“乐益”都写进了歌词：

乐土是吴中，开化早，文明隆。
秦伯虞仲。孝友仁让。化俗久成风。
宅校斯土。讲肄弦咏。多士乐融融。
愿吾同校。益人益己。与世近大同。

学校开办后，每年有十分之一的名额资助贫寒子弟。学生都剪短发，还开运动会，演话剧，气氛十分活跃。

为了把学校办好，张冀牖虚心向教育行家蔡元培、马相伯、吴研因等请教，又聘请吴中张一麐、施仁夫、王季玉等一批知名人士担任校董，进步教师叶天底等应聘来校任教。1925年，张冀牖亲去松江，敦聘侯绍裘为乐益女中教务主任，兼国文教师。此后，根据侯绍裘的推荐，又有张闻天、王芝九、徐诚美等来校执教。侯、叶、张、王等均为共产党员，他们于这年9月在乐益女中秘密成立了苏州第一个党组织——中共苏州独立支部。

上海“五卅惨案”发生后，乐益女中师生广泛开展了宣传、募捐活动，除在街头、沪宁线上进行募捐外，并在学校设台义演三天，这是苏州女学生初次登台演出，轰动全城。张冀牖还令其子女参加义演活动，同时邀请著名京剧演员马连良来苏演出，戏剧界名人于伶也被请来协助，一切费用均由张冀牖负担，义演、募捐所得悉数送往上海支持罢工工人。据当时《申报》记载：“组织募捐，乐益女中成绩最优。”罢工结束，余款退还苏州，筑成“五卅路”，以志纪念。

乐益女中从创办到抗战爆发的十六年中，前后投入在二十五万元以上，张冀牖倾其所有的家产致力于教育，却从不接受外界捐款。他的本家嘲笑他：“这个人笨得要死，钱不花在自己的儿女身上，花在别人的儿女身上。”

妻子韦均一

张冀牖和夫人韦均一

乐益女中创办不久，张冀牖的原配夫人陆英病殁，抛下了九个孩子，老大十四岁，最小的才两岁。

就在这时候，刚从上海爱国女校文科毕业的韦均一，应聘来乐益女中执教。她的叔祖父在社交场合与张冀牖相识，修建乐益女中的那块地就是他卖给张冀牖的，原先那里是一片桑林。这位韦先生非常欣赏张冀牖的人品，于是就把侄孙女介绍给他。然而韦均一对这桩婚事并不乐意，尽管她对张冀牖的才识品德有好感，两人的年龄毕竟相差十岁，更难以接受的是，当时她才二十三岁，却要去当九个孩子的后妈，而且最大的孩子只比她小八岁。但最终韦均一还是嫁给了张冀牖。此时，陆英去世已一年。

就从这年起，韦均一担任乐益女中校长，成为张冀牖兴办教育的得力助手。

韦均一是一个很有学养的才女，不仅书画皆精，而且能赋诗填词，对昆曲也颇有研究。她出生于江阴长泾镇河北街，父亲韦隐樵是位医生，一代影星上官云珠是她的堂妹。虽说是平辈，韦均一却比上官云珠年长二十一岁。曾经就读于乐益女中的上官云珠在这里接触到了新思潮，学到了新知识，而且在她心底播下了演艺的种子，五年后，她终于走上电影艺术之路。

聪明能干的韦均一个性强，脾气急躁，刚进张家门的时候，总觉得难以融入这样一个人口众多的大家庭，连仆人也对她带有怨意。作为丈夫，天性温和的张冀牖总是顺着她，尽力去理解她。他和韦均一有很多共同兴趣，也知道她和他一样喜欢戏剧，便常带她去上海住上一段时间，那儿戏院多，他们一起去看京剧、昆曲及话剧，有时还会一起去听某位历史学家或哲学家的讲座。

张冀牖不抽烟，不喝酒，不赌博，家里找不出一副麻将牌，除了特爱看戏，嗜好读书读报，还喜欢摆弄照相机、留声机。家庭小型电影放映机刚一问世，他就买了一台。他多次陪同韦均一去江阴长泾岳父家探亲，随身总带着这新式玩意儿去放映。当银幕上出现当时流行的美国喜剧明星卓别林、罗克，人们都捧腹大笑，他也乐得喜滋滋的。

张家有着浓郁的文化氛围，韦均一常和孩子们在一起练曲、绘画和写字。有一天，她一时兴起，在小女儿充和珍藏的折册《曲人鸿爪》里画了一幅“充和吹笛”的仕女图，充和很珍惜这幅画。新派的韦均一会游泳，夏天，她曾经和女儿兆和、充和一起在南园小河中游泳。

沈从文求婚

张冀牖膝下四个女儿，六个儿子，除了小儿子宁和为韦均一所生外，其余均为前妻陆英所出。颇有意思的是，女孩名字的第一个字，都有“两条腿”（元、允、兆、充），意味着女大不中留，迟早要跟人家走，同时也寄托着张冀牖要她们迈开双腿走向社会之愿；而男孩的名字，第一个字都有象征着家族的“宝盖头”（宗、寅、定、宇、寰、宁），含义是应当留在家里，担起家庭的责任。十个子女的名字第二个字均为“和”，可见张冀牖深谙“家和万事兴”之道，事实上，十个子女之间就像父亲期望的那样始终和睦相处。

名动一时的张氏四姐妹，个个端庄贤淑，才貌出众，被称为“最后的闺秀”。著名作家叶圣陶曾经说过：“九如巷张家四个才女，谁娶了她们都会幸福一辈子。”结果，四姐妹分别嫁给了四位艺文界人

士——著名昆曲名伶顾传玠、中国语言文字学家周有光、现代文学家沈从文和德裔美籍著名汉学家傅汉思。

张冀牖是一位思想开通的新派人物，在儿女终身大事上主张自由恋爱，每当有人上门说媒，他总说："婚姻让他们自由决定，父母不管。"当初，三女儿兆和与沈从文的婚姻，也是他俩谈得差不多了，最后张冀牖夫妇不过是点头认可而已。在文坛崭露头角的沈从文来自风景秀美的湘西，他看中了他的学生张兆和，但他自卑木讷，不敢当面向张兆和表白爱情。在校长胡适的支持下，他开始了马拉松式的情书写作，但张兆和始终保持沉默。

1935年张冀牖（左）与蔡元培（右）在上海合影

1932年夏天，张兆和大学毕业回到了苏州家中。沈从文带着巴金建议他买的礼物——一大包西方文学名著，从青岛来到苏州九如巷，敲响了张家的大门。张冀牖那时同夫人韦均一住在上海，苏州只有兆和姐弟们在家。经不住沈从文锲而不舍的追求，张兆和的心已开始动摇。那天大姐不在家，二姐允和就是家里弟妹的头。在允和的劝导下，张兆和将沈从文请到了家中。这年冬天，沈从文又一次来到张家，那时张冀牖夫妇仍在上海。张兆和这时已同意嫁给沈从文，便陪同他去上海拜见父亲和继母。张冀牖、韦均一对沈从文印象很好，尤其是张冀牖同他谈得十分相投，夫妇俩当即答应了他们的婚事。

那时沈从文在青岛大学教书、写作。1933年初，张兆和同沈从文订婚后便同去青岛。同年9月9日，他俩在北平中央公园的水榭举行了婚礼。

小舅子韦布

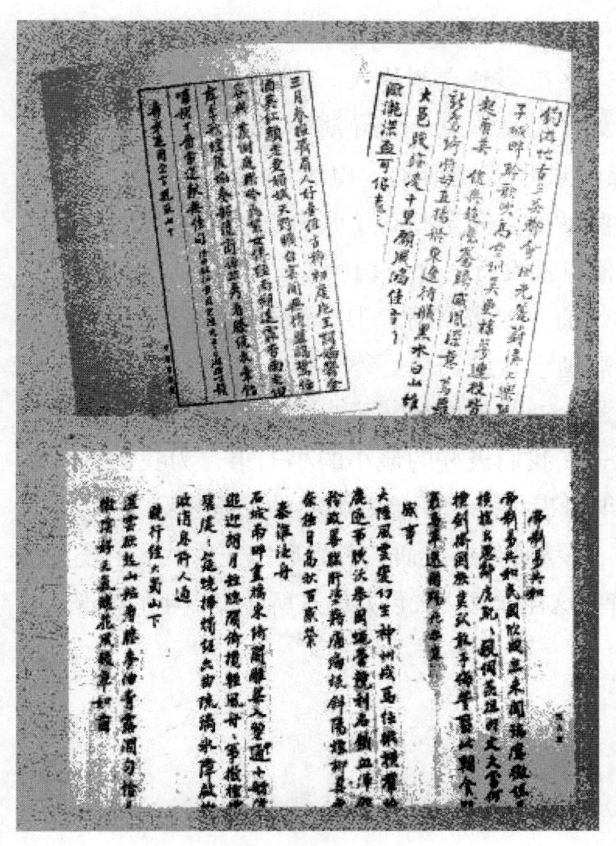

张冀牖手迹

韦均一的弟弟韦布，原名韦均宏，他在家乡长泾读完了小学，然后前往苏州读中学。张冀牖非常疼爱这个小舅子，从十四五岁起，韦布就经常跟着姐夫张冀牖、姐姐韦均一去看戏，看电影。在张冀牖的感染下，少年韦布的心田早早地播下了艺术的种子。

在乐益女中，经张冀牖介绍，韦布先后接触过侯绍裘、张闻天和匡亚明等，尽管那时他还不知道他们是共产党人，但他们的进步思想影响了他。1928年，在乐益女中执教的匡亚明被当局逮捕，张冀牖嘱咐韦布四处奔走，证明匡是乐益教师，他才被释放。第二年，韦布因积极传递“反帝大同盟”的宣传品，结果被关押一月有余，经张冀牖营救才获释。

韦布从上海美专毕业后，来到乐益女中任教，担任过总务主任，协助管理全校事务。痴迷戏剧的韦布边教书边演戏，校内的文体活动异常活跃，经常演出南国社田汉编写的剧本。后因参加宋庆龄领导的反帝大同盟活动和抗日救亡演出，韦布遭到反动当局恐吓、威胁，1934年春被迫流亡日本。由于从事进步戏剧活动，1937年4月韦布被日本警视厅遣送回国。

不久，抗战爆发，韦布到南昌参加了新四军，组织战地服务团。抗战胜利后，韦布成为一名电影独立制片人。他的儿子韦廉也在20世纪70年代投身电影界，如今已是国家一级导演。韦布晚年在《追忆张奇友》一文中提及自己的进步戏剧活动、电影制片人经历后，特别指出："我能够参加这些活动，完全归功于张奇友（'张冀牖'的别称）先生的引导，没有他也就没有我这一切。"

1937年日军占领苏州前夕，张冀牖、韦均一夫妇带着幼子回到安徽老家。翌年，张冀牖病逝于合肥西乡，终年四十九岁。二女儿允和晚年在《洒到人间都是爱》一文中回忆父亲去世时这样写道："我们九个姐姐哥哥要感谢他——我们极好的最小的小七弟，为我们尽了孝道；我们也感谢我们的继母韦均一给了爸爸临终的安慰！"

"憩桥设教集群贤，济济师生共究研。"先后担任乐益女中校长将近九年的韦均一，在悼诗中这样咏叹丈夫创办的这所学校当年的盛况。

民间音乐家华彦钧与江阴之缘

华彦钧

六十多年前，在无锡城里，人们常常能看到这样一位艺人，他用二胡演奏的《二泉映月》，如泣如诉，委婉动听，强烈地震撼着听众的心灵。这首二胡曲，后来成为中国民族音乐文化宝库中的瑰宝，被国际乐坛公认为世界不朽名曲之一。世界著名指挥家小泽征尔曾经被这首乐曲感动得热泪盈眶，他说："听这样的曲子，跪着听才好。"当年创作并演奏这首曲子的艺人，是如今已享誉世界的民间音乐家华彦钧。

华彦钧（1893—1950），又名阿炳，无锡东亭人，四岁时丧母，父亲是一名正一道士。从小随父在雷尊殿当小道士的阿炳，刻苦钻研道教音乐，精益求精，并广泛吸取民间音乐的曲调。他长得一表人才，还有一副好嗓子，被人们誉称为"小天师"。不幸的是，因患眼疾而导致双目失明，从此流落街头以卖艺为生，人们称呼他为"瞎子阿炳"。他一生共创作和演出了二百七十多首民间乐曲。留存有二胡曲《二泉映月》《听松》《寒春风曲》和琵琶曲《大浪淘沙》《龙船》《昭君出塞》六首。

乐海知音

阿炳一生交过不少琴友，其中出生于江阴顾山的国乐先辈周少梅更是他的至交和知音。周少梅年长阿炳八岁，他的父亲周靖梅是江南一带享有盛誉的“琵琶圣手”，五位兄长也都是闻名乡里的丝竹能手。在“民乐世家”长大的周少梅，从小耳濡目染，痴迷民乐，二十岁出头就已经二胡、琵琶样样精，成为艺惊四乡的江南丝竹名家，他创造的“周少梅三把头胡琴”以宽阔的音域、独具的技巧令众多二胡爱好者拍案叫绝。

从1906年起，周少梅先后在无锡荡口镇鸿模高等学校、无锡三师、省无锡中学等校担任国乐指导老师。1920年前后，周少梅和阿炳在无锡惠山相识，倚山而建的玉皇殿是无锡道教活动的主要场所，他俩经常相约在这里小叙，切磋二胡、琵琶的演奏技艺。周少梅对这位爱乐如命、吹弹拉打各种乐器件件精通的年轻道士十分看重，从他那里了解道教音乐的特点和技巧；而阿炳呢，则对眼前这位如雷贯耳的江南丝竹名家极其钦佩，向他讨教二胡、琵琶等演奏经验和国乐技能，那时，他的眼睛尚未失明。共同的志趣，使他们成了推心置腹的莫逆之交。

1934年秋，已受聘于省常州中学等校的周少梅应上海百代唱片公司邀请，赴沪录制二胡曲《虞舜薰风曲》、琵琶曲《花六板》等，返回家乡顾山时，途经无锡，他特地去看望多年不见、已落魄为街头艺人的阿炳，想不到当年俊朗潇洒的年轻道士如今已双目失明，年已半百的周少梅倍觉伤感。当天晚上，他随阿炳来到北大街，与他拼曲合奏，帮他拉场子献艺卖唱，这挚友真情，令阿炳感激涕零。十一年后，当阿炳随妻子回北涸探亲时，曾向人打听周少梅的下落，并打算去顾山探望他，后了解到这位至交已过世多年，不胜唏嘘，只得作罢。

除了周少梅之外，另一位江阴人、民族音乐家刘天华同样是阿炳的知音。南京师范大学原音乐系教授黎松寿是阿炳的忘年交，他在《神曲诞生》一文中披露阿炳曾告诉他与刘天华有过一面之交。

那是1949年清明，当阿炳听说黎松寿正跟储师竹学习刘天华派的二胡时，他截住话茬插口道：“刘天华，我认识。”黎松寿好奇地问：“怎么认识的？”

“说来话长，还是周少梅为我介绍的呢。周少梅是江阴人，和刘天华是同乡。”阿炳回忆道：“民国十年前后，周少梅经杨荫浏先生介绍，在无锡师范、无锡美专、公益中学任课外国乐教师。刘天华来探望周时，周少梅曾为我介绍，彼此只见过一次面。刘天华态度非常谦虚，横一个‘请问’，竖一个‘讨教’。他拉的二胡恰像他的人品，幽雅文静，书卷气十足，另有一功，琵琶功力也颇扎实。据周少梅说，民国十年后，他去了北京，在大学里教二胡、琵琶。不料，如此少有的人才，四十不到便去世了，可惜呀可惜！”

在另一篇文章《玉皇殿中三知音》中，黎松寿写到刘天华满怀敬意地称赞阿炳演奏的《阳春》“精妙绝伦，堪称无双”。如此评价，足以见得刘天华不愧是阿炳的知音。两位音乐大师尽管只接触过一次，但他们都对对方的演奏技艺仰慕不已。音乐，这一美妙的艺术将他们的心连在了一起。

夫唱妇随

父亲去世后成为雷尊殿当家道士的阿炳，遭遇的最大打击莫过于双目失明，从此再也不能参与法事工作，丧失对道观的控制。失去了香火收入，父亲留下的一点积蓄也很快化光，阿炳一下子陷入穷困潦倒的窘境。为谋生计，他只得背起琵琶、胡琴，走上街头卖艺。

华彦钧的妻子董翠娣

对于一个盲人来说，上街卖艺和日常生活中的诸多不便可想而知。幸运的是，一个名叫董翠娣的江阴女人来到了阿炳身边。这个女人与他形影相随，患难与共，与他共同生活了将近十九年，

华彦钧故居

直至去世。就在这期间，阿炳创作并不断演奏了他的不朽名作《二泉映月》。

董翠娣是江阴东乡北涸镇东街人，她的前夫姓钟，据说撑船为生，也有人说是个皮匠。董翠娣为钟家生了两个儿子、三个女儿，二女儿从小送给邻村一户人家。不幸的是，丈夫在大儿子十四岁那一年病故，丢下四个未成年的孩子。眼看一家人难以糊口，董翠娣将大儿子送去当学徒，又将两个女儿送出去当童养媳，余下一个小儿子，托付给丈夫的姐姐抚养，自己只身一人来到无锡城里当帮佣。

那时候，有一个道士周叙兴，北涸人，曾拜阿炳为师。他的同乡董三迷是董翠娣的堂兄，平时喜欢听乐唱曲，是个戏迷。两人都会操弄乐器，经常去无锡崇安寺雷尊殿，与一班道士拉曲合奏，同阿炳关系十分密切，常聚在一起喝酒聊天。经董三迷、周叙兴牵线撮合，董翠娣认识了阿炳，并与他结为夫妻。

从那以后，董翠娣为阿炳洗衣做饭，料理家务，阿炳最欢喜吃董翠娣烧的蚌肉炒大蒜。阿炳出门卖艺，董翠娣总陪伴着他。阿炳边走边拉琴时，董翠娣牵着他左边的衣裳；阿炳不拉琴行走时，一只手搭在董翠娣的肩膀上。阿炳在场子里演唱的时候，董翠娣负责收钱。演唱到一定辰光，阿炳会问她："几花啦？"要是觉得董翠娣报的收钱数目差不多了，阿炳就说："好啦，明朝的开销够了。"然后就用胡琴声模仿无锡话："谢谢各位，再会！再会！"

董翠娣在家里不仅手脚勤快，而且脾气好。尽管跟着阿炳生活贫苦，挣到了钱一起享用，赚不到钱一同忍饥挨饿，却从无怨言。吃饭时有一点荤腥，总让给阿炳吃，自己吃剩下的。阿炳的竹布长衫，虽然缀着补丁，却总是洗得干干净净。阿炳性子暴躁，有时发起脾气来，董翠娣从不同他计较，总是说："好哉！好哉！省点力气吧，等歇还要出门做生意嘞。"

董翠娣的几个儿女成家后都同阿炳家来往，经常到无锡看望母亲和阿炳。小儿子钟伯生在江阴北涸到无锡的轮船上当船工，从老家来无锡十分方便，所以看望得更勤一点，每次来阿炳家，总要带点新鲜蔬菜，秋天稻谷登场后，还会带一点新米来。钟伯生的女儿球娣，小时候被接到阿炳家生活，常为阿炳沽酒、买菜，经常搀着阿炳上街卖艺。阿炳待她也像亲孙女一样。

北涸之行

据顾山镇原文化站站长毛德彦先生考证，抗日战争胜利后，阿炳这位北涸女婿曾经两次随董翠娣到过江阴北涸。当时的情景，上点年纪的北涸人至今仍记忆犹新。

1945年重阳节，阿炳随董翠娣回乡探亲，第一次到了北涸。那年月，民间艺人被人瞧不起，况且阿炳又是个盲人，董翠娣怕族人见笑，到北涸后宿在镇上新华小旅馆。第二天，为了挣几个钱，在镇河西精雅茶楼租场演出。阿炳预先准备了一个折子，开场前，董翠娣拿着折子请听众点节目，就像唱堂会一样。那次，阿炳演奏了二胡曲《听松》《虞舜薰风曲》等。起初，听众们不以为然。后来，当他演奏了一曲《二泉映月》，那撼人心肺、断人肝肠的琴声，顿时征服了场上的听众，一个个听得如痴如醉，赞不绝口。

1946年清明，应北涸一批音乐爱好者的热诚邀请，阿炳由董翠娣陪伴，第二次来到北涸。这一次，住在董翠娣娘家。镇上的道友、乐友大都是国乐大师周少梅的徒弟，吹、拉、弹都能来一手。经董三迷、周叙兴以及刘仁华、金汉良、江永基等人倡议，他们与阿炳相聚于新亚书场的草房内。阿炳先拉了一曲《婆媳相争》，这首曲子将乡间婆媳不和引起的争吵、相骂直至掷碗、相打的场面表达得淋漓尽致。阿炳告诉大家，这段曲子是向北涸附近虞家高头村的民间艺人虞显庆学来的。随后，他又演奏了著名琵琶曲《十面埋伏》和《龙船》等。他感慨地说："我这《龙船》没有周少梅先生演奏得好，周先生能十三只龙船夹丝竹，我只能弹出七只船上的家什。"

这次聚会，阿炳还和当地的乐友同场合奏了单弦拉戏。最后，在大家一再相邀下，阿炳又一次演奏了《二泉映月》，当最后一个音符尚未消失，全场已爆发出热烈的掌声。

这一次，阿炳在北涸住了一个多星期。以后的几天里，他由董翠娣引领，在镇上的庙场、大桥堍，接连演出了好几场。北涸人说，阿炳眼睛虽瞎，嗓子很好，自拉自唱，十分动听。

新中国成立后，正当中央音乐学院准备为阿炳举行音乐会，并聘请他去任教时，他却病倒了。1950年12月4日（农历十月廿五），民间音乐家华彦钧、饱尝人间甜酸苦辣的瞎子阿炳离开了人世，终年五十八岁。董翠娣和阿炳的堂兄以及他的几位师兄，为阿炳料理了后事，董翠娣的儿女们也都从北涸赶来。出殡时，为阿炳捧牌位的，是董翠娣的大儿子钟伯英。阿炳逝世后两个多月，董翠娣也去世了，老一辈的无锡人称他们是一对"仙童仙女"。

◎明清江苏学政人物◎

自明代万历四十二年（1614）起，至清代光绪三十二年（1906）止，两百九十二年间，共有一百一十三位江苏学政驻节江阴，其中包括六名状元、三名榜眼、一名探花。更有几人后来升至大学士“入阁拜相”，成为中国历史上的风云人物。

首驻江阴的江苏学政王以宁

王以宁（1567—？），字祯甫，号咸所，浙江会稽（今绍兴）人。明万历二十六年（1598）考中进士，授宜兴知县；三十九年（1611）升任监察御史，巡按东粤（今广东）；四十二年（1614）至四十六年（1618），督学南直隶，驻节江阴。

督学南畿　首驻江阴

万历四十二年三月，原广东道御史王以宁被任命为南直隶学政，负责督学苏州、松江、常州、镇江、淮安、扬州六府及徐州一州。

明代的南直隶为京畿之地，包括今天的江苏、安徽、上海两省一市，原先只有一名学政。因区域太广，从王以宁开始，南直隶增为两名学政。根据朝廷任命，实际上王以宁担任南直隶今江苏（应天府即今南京除外）、上海地区的学政，另一位湖广道御史房壮丽则担任南直隶今安徽地区（包括应天府即今南京在内）的学政。

王以宁

在这之前的二十年间，地处苏南、被称为南京东南门户的句容为南直隶学政的驻节地。万历四十二年南直隶增为两名学政后，督学江

原江苏学政节署遗址

苏的王以宁将驻节地移到当时属于常州府的江阴县。

王以宁为什么要选择江阴作为他的驻节之地呢？当时担任礼部侍郎的武进人孙慎行在《新建督学察院记》中分析："设为院，则常（州）之江阴，以为地僻且道里均也。"原来，将江苏学政节署设在江阴，基于两个因素：一、江阴是个滨江小城，地处偏僻，这里不像常州、苏州等府城那样喧闹不息，便于为士子应试提供一个较为宁静的环境；二、江阴刚好处于江苏学政督学区域苏南部分的中心位置，苏、松、常、镇四府士子赴江阴考试，道里大致均等。至于苏北淮、扬二府及徐州，从江阴渡江过去也极为便利。

清同治年间的江苏学政童华也在《重建江苏学政节署记》中写道："建署于江阴，地适中也。"可见江阴之所以成为江苏学政的驻节地，主要原因在于其所处的地理位置适宜。

驻节地确定后，王以宁便移文江阴知县许达道，将城内大街虹桥东首的巡抚行台加以整修，扩建为督学察院，即学政节署，并将原清机园（即后来中山公园的西半部）划作学署后花园，改称"季园"。学署北倚万寿山，西连雪浪湖，东接广福寺，南临大街，"纪纲法度”“礼乐文章”两座牌坊竖立在大门两旁。后经不断拓建，到明代崇祯年间，规制崇弘的江苏学政节署成为“江南官署之冠”。

王以宁抵江阴赴任后，工作十分勤勉。孙慎行在《新建督学察院记》中写道：“其巡行随各郡便，无常居所……未浃岁，诸郡业巡行遍。”一年未满，已巡行了督学范围内的各州府，看来王以宁的责任心很强。孙慎行称赞他“可谓周详宛至矣”，“公固名御史，博大雍容，色笑可亲也”。对于王以宁担任学政四年间的表现，道光《会稽县志》的评价为“督学留都，最称得人”。也就是说，他是颇得人心的。

任职宜兴　政绩卓著

王以宁是浙江人，他的家乡会稽（今绍兴）素被称为文物之邦、名士之乡。三十一岁时，他考中了进士。那一年，是明万历二十六年（1598）。

风华正茂的王以宁，最初被派到地处江苏南端的宜兴担任知县。新官上任三把火，王以宁上任伊始，首先整治地方秩序，为民除害。当时，宜兴地方上有许多强横狡诈、目无法纪的豪猾，横行乡里，作恶多端。王以宁一到宜兴，便顺应民意，把他们抓了起来，并果断地处决了其中几个罪行累累的首恶分子。这一举动，在地方上产生了强烈的震慑作用，康熙《会稽县志》称之为“一邑肃然”。

江苏学政节署遗址仪门（沈俊鸿摄）

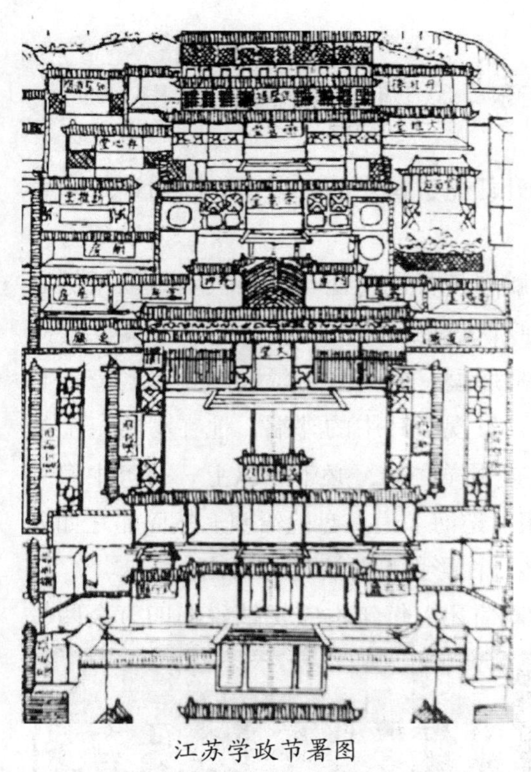

江苏学政节署图

王以宁在宜兴任职期间的第二个大动作是丈量境内土地。据嘉庆《宜兴县志》记载："县田地高下紊错，户役不均，以宁用千字文编为图号，以次清丈，分平高低塘、滩、荡、山、竹、茶地为六则，条分缕析，如指诸掌。"

宜兴离当时的南都（今南京）不远，许多大明功臣的子孙，如开国元勋魏国公徐达、名将成国公朱能以及曹国公李文忠等后裔都居住在这里，这些门庭显赫的权贵，仗着祖宗的余威，享有诸多特权。他们往往以御赐田为名，瞒报田亩，偷漏田税。王以宁不怕得罪这些权贵，亲自带队实地查勘，丈量田亩，终于搞清楚了他们各自拥有的实际田亩数，迫使他们据此向国家缴纳田税，补缴的稻米达数千石。据乾隆《绍兴府志》记载，王以宁将这笔稻米用来抵消"邑中污莱田（注：高低不平的荒地）不能输税者"。老百姓受益后，纷纷称颂其功德。

王以宁在宜兴十分重视教育，他和常州知府欧阳东风一起集资兴建崇文书院，表彰邑中先儒唐彦思、周道通和万古斋三贤。这位知县大人亲自到书院讲学，同诸生研讨学问，地方上士民的风气很快好了起来。

他还在宜兴境内建置了五所储粮备荒的社仓，自己带头捐俸购粮，储米万石，以备荒年赈灾。宜兴的老百姓对王以宁的善政十分感激，在他调离之后仍设祭纪念他。

巡按广东　忠于职守

万历三十九年（1611），升任监察御史的王以宁，受命巡按东粤（今广东）。

当时，在海外贸易中，市舶司与督饷馆检查人员负责量取千斛以上大海船的船宽，按尺寸大小收取过往船只的货税。按照规定，对海船和船上人员的"盘验"，包括船型、船只载重量和船宽的检查，必须"如式"。王以宁到广东后，发现了其中的弊端，他在写给皇上的《条陈海防疏》中禀报道："查飘洋之船，必千斛以上……粤中海船必报县印烙，及至货出洋，必报（巡海）道，盘验给照。然而船之如式以否，货之违禁以否，未必尽核，而影射增添，巧诈百出。"

万历后期，盘踞在澳门的葡萄牙人每年本应交纳税银四万余两，而他们往往采用各种手段逃税。王以宁在奏章中披露："尔年夷性渐狡，私济渐多，税且有时而缩，如三十九年仅得九千余两。"更为严重的是，王以宁觉察到葡萄牙人收买日本浪人，狼狈为奸，将成为澳门的祸患。他在奏章中一针见血地指出：葡萄牙人"借口防番，收买健斗倭夷以为爪牙，亦不下二三千人……澳夷将来，祸在肘腋。"

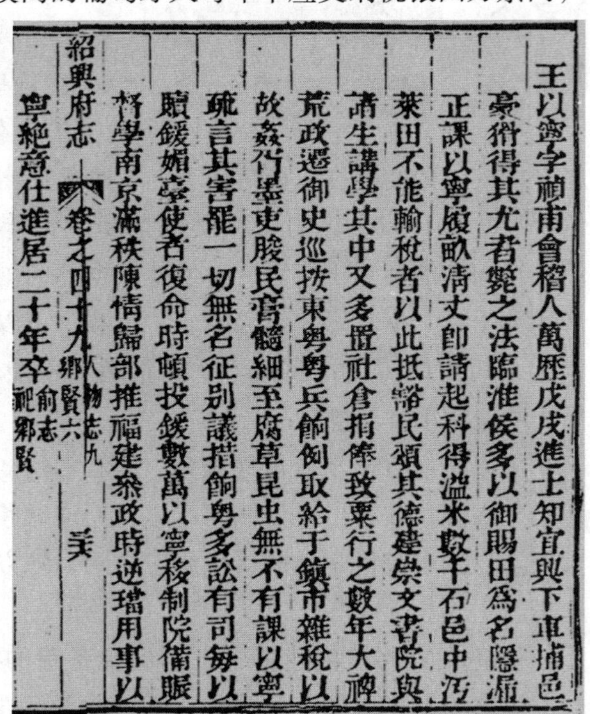

王以寧字禎甫會稽人萬歷戊戌進士知宜興下車捕邑
豪猾得其尤者斃之法臨淮侯多以御賜田爲名隱漏
正課以寧履畝清丈卽請起科得溢米數千石邑中汙
萊田不能輸稅者以此抵豁民頌其德建崇文書院與
諸生講學其中又多置社倉捐俸致粟行之數年大祲
荒政遷御史巡按東粵粵兵餉倒取給于鎮市雜稅以
故姦宄墨吏朘民膏髓細至腐草昆虫無不有課以寧
疏言其害罷一切無名征别議措餉粵多訟有司每以
贖鍰媚臺使者復命時頓投鍰數萬以寧移制院備賑
督學南京滿秩陳情歸部推福建參政時逆璫用事以
寧絶意仕進居二十年卒俞志祀鄉賢

紹興府志　卷之四十九　人物志九　鄉賢六　美

清乾隆《绍兴府志》载王以宁传

在巡视广东的过程

中，王以宁对当地官府的腐败深有感触。据乾隆《绍兴府志》记载：“粤兵饷例取给于镇市杂税，以故奸胥墨吏朘民膏髓，细至腐草昆虫，无不有课。”借着筹措军饷的名义，那班贪官污吏不择手段搜刮民脂民膏，竟然达到了丧心病狂的地步，这令王以宁极其愤慨。他在写给朝廷的疏章中痛陈其危害，并建议驻军的兵饷另辟正当的渠道筹措，压在老百姓头上的苛捐杂税终于被罢征。

三年任满，王以宁离粤返京。临行前，当地主管部门的官吏按惯例向他赠锾（古代的货币单位）数万。王以宁坚辞不受，他将这笔钱作为救灾款，转往制院留以备赈。

不久，他又一次被派往江苏，来到离宜兴不远的江阴，担任学政。

阉党擅政　归隐林下

万历四十六年，王以宁的学政任期届满。他以母亲年老为由，向明神宗上疏陈情，请求辞职回家奉养母亲。二月，新任学政骆骎曾已到达江阴接任，王以宁交卸完毕，还没有等到朝廷批复下来，便自行解官返乡了，是年仅 五十一岁。这年八月，朝廷宣布“升御史王以宁为福建参政”，然而，王以宁拒绝任职，没有再回到官场。

就在王以宁退隐两年后，明神宗死了。熹宗继位后，以魏忠贤为首的阉党势力专权乱政，打击异已，残害正直之士。这一切，已经远离政坛的王以宁只能冷眼旁观。直到明熹宗死去，崇祯帝上台，才将魏忠贤阉党一网打尽。

据康熙《会稽县志》记载：“值逆珰用事，蟒玉盈廷。以宁曰：松风之梦，固自适也。遂坚卧不出，优游林下垂二十年，超然尘垢之外，士论高之。”看来，王以宁对时势的发展看得很透，这位清静淡泊的高人，避之于纷争的官场之外，过了二十年的隐居生活。

今天，穿越晚明这段沧桑岁月，我们看到，正是这位来自浙江名士之乡的王以宁，开启了江阴历史上将近三百年星光闪烁的学政时代。

季园唱和诗第一人骆骎曾

骆骎曾

骆骎曾，字象先，号沆瀣，浙江武康（今属德清）人。明万历二十六年（1598）进士，曾任福建瓯宁知县，后升迁侍御史，四十三年（1615）巡按太平府（今安徽当涂），万历四十六年（1618）至泰昌元年（1620），督学苏松。

2002年，原江苏学政节署遗址并入中山公园，园内新增了一组学政人物群雕，其中有一位学政正在援笔赋诗，他就是驻节江阴的第二任学政骆骎曾。

敏于为政　惠抚疲民

骆骎曾出身于书香门第，他的曾祖父骆文盛嘉靖十四年（1535）中进士，当过翰林院编修。祖父骆鸣銮是嘉靖四十三年（1564）举人。父亲骆绳史受赠文林郎。在这样一个家庭里，骆骎曾从小受到良好的教育。

万历二十六年，骆骎曾考中进士后，先担任瓯宁（今福建建瓯）知县，四十三年（1615）按临南直隶太平府（今安徽当涂）。每到一个地方，他都能做到雷厉风行，勤政不怠，遇事不推诿拖沓。他对那些奸猾的官吏十分严厉，而对贫困的百姓则施以恩惠。

康熙《瓯宁县志》称颂骆骎曾在瓯宁任职期间“敏于为政，严保甲，兴学校，筑城墉，修河渠”。康熙《太平府志》则赞扬他在太平府任上“威戢奸吏，惠抚疲民，所部皆畏怀之”。当地百姓最感激他的是，郡城有一条河贯穿东西，因年久失修而湮淤，前任官员商议过数次，始终没有动工疏浚。骆骎曾到任后，经实地勘察，带头捐出薪俸，下令开浚，并在河道上建造了三关两闸，旱启涨闭，河道畅通后，灌溉不再受阻，船舶也能直通城市间。当骆骎曾离任时，“士民捐金立祠祀报之”。

崇文重教　关爱学子

从史书的记载看，骆骎曾一贯重视地方教育，无论在瓯宁，还是在太平府，他都把文教事业作为他施政的一个重点，甚至在工作之余还把一颗心扑在教育上。

瓯宁城南铁狮山麓，建溪之滨，有一座光孝寺，环境清幽。骆骎曾觉得那里是读书的好地方，便在寺的左边建了一个读书堂，每当公事办完之后，他常常带着酒菜，来这里用餐，然后给诸生们讲课，直到夜深才结束，后来不少在科举考试中取得功名者都出自其门下。

在太平府，骆骎曾依旧保持着这样的习惯，他经常利用工余时间与诸生们一起探讨学问，几乎没有一点空闲日子。诸生们都将自己的习作交给他，请他批阅指正，他总是不厌其烦地接下来，随请随阅，批阅后及时还给他们。在太平府的三年间，这位巡抚大人成了深受诸生爱戴的老师。

駱駸曾字象先浙江武康人萬歷四十三年按太平威
戢奸吏惠撫疲民所部皆畏懷之尤愛士時與較藝諸
士請正無慮日隨請隨閲還之諸士戴若師傅郡故有
東西市淮久湮閼前按行者數議慨阻駸曾周視城夷
裹捐俸下令開濬費緡錢僅二萬餘三關兩閘旱起漲
閉支水委蛇宣洩灌輸無滯舟楫通城市間而成弘之
舊規一時頓復自後人文蔚起説者謂奧興有造於姑
孰相與頌服不衰云在任三年以蘇松督學使者行士
民捐金立祠祀報之有記

清康熙《太平府志》
载《骆骎曾传》

芜湖荆山寒壁上的骆骎曾题字

作为一名官员，骆骎曾十分看重士子，康熙《太平府志》称他“尤爱士”。据《江苏省通志稿·人物志》记载，万历年间，骆骎曾曾经同御史杨鹤一起，带着礼品登门拜访一位名叫唐汝询的盲人学者和诗人，两人还给他送去一块写上“耳学淹通”的匾，并捐出自己的俸禄为他出版《唐诗解》。

北宋大文学家欧阳修的后裔欧阳玄曾在太平府当过县令，他曾为境内荆山寒壁写过一首诗。因追怀欧阳县令，骆骎曾当年在荆山石壁上题写镌刻“寒壁”两个大字，至今仍在。

敢言无讳　披沥肝胆

在骆骎曾的官宦生涯中，有一段时间在朝廷里担任侍御史。这侍御史的官儿，属于言官，品级虽然不怎么高，但却是皇上的耳目之臣，负责监察整肃百官。凡是发现职位较高的官员有不法行为，都由他们出面弹劾，因此很有权威。选拔这类官吏的要求也比较严格，其中有一条，必须在地方上经过历练，至少担任过一任知县，而且要有政绩。那些刚进入官场、不熟悉吏治民情的新科进士不得担任言官。

骆骎曾正是在瓯宁知县任上干出了成绩，才被选拔到侍御史这一岗位。在侍御史任上，他同样干得十分出色。道光《武康县志》称他"神宗时由瓯宁令迁侍御史，敢言无讳，有疏草四卷传海内，所论铨政、河漕、弭盗、宽徭役、汰墨吏、斥奸佞诸事，皆洞灼本源，披肝沥胆"。

从志书上的这段记载看，骆骎曾作为一名言官，不仅对朝廷赤胆忠心，敢于直言，而且在政务上具有洞察力，他呈给皇上的奏章，在选拔、任用、考核官吏，水利、漕运，社会治安，宽缓百姓徭役以及打击、惩处贪官污吏、奸邪之臣等方方面面，都能够触及本质，他在侍御史这个岗位上尽心尽责，卓有建树。

公正廉明　不徇私情

万历四十六年二月，被任命为苏松学政的骆骎曾，接替王以宁，督学南直隶，来到江阴。在担任学政期间，他秉持一贯的作风，非常尽职。

当时，松江有一位诸生曹家驹，在《骆学院》一文中记述了这样一件事：那一年，骆骎曾前往松江府主持岁考。金山有一位官宦人家子弟杨时霖，此前在府试中已考录第三名，但这次在骆骎曾主持的院试中却未能过关。

当地一个姓刘的官员特地来说情，一见到骆骎曾便跪下不肯起来，非要他卖个面子录取杨时霖入学，骆骎曾没有答应。那个姓刘的说，杨时霖是他座师的女婿，老师为了杨时霖入学的事曾托他帮忙，如今要是名落孙山的话，下吏有何面目去见老师呢？

骆骎曾回答他，本院主持院试以来，如果童生在府试中考了第一名，即使院试因疏忽漏取，为了顾全府官的脸面，我也必定会将他补录入学。倘若府试得第二名，那就不能再录取了。骆骎曾还告诉他，前次在常州府，府试第二名便没有录取，常州知府力请补录，我严肃地拒绝了。现在要是连府试第三名都可以通融录取，本院回到江阴，常州知府必定会来谒见，我又如何面对他呢？那个姓刘的官员见骆骎曾丝毫不肯松口，只得怏怏而罢。

江阴中山公园江苏学政衙署遗址骆骎曾援笔赋诗雕像（沈俊鸿摄）

在诸生曹家驹的印象中，骆骎曾“待士有礼，而持法甚严，尤重礼貌”。曹家驹在文章中写到，对于衣冠不整、步履回错的士子，骆骎曾必加申斥，甚至褫革其功名，可见其十分注重一个人的衣着举止。以至于当他莅临松江时，即使是家中贫困的老儒，也全都穿上赶制出来的新袍，会合了五学诸生，前往钟贾山迎接，现场一片簇新的蓝衫，像堵墙那样，极一时之盛。骆大人看重衣衫到如此程度，未免过头了些。

不过，从前面曹家驹所记述的骆骎曾取士入学拒开后门的例子看，这位学政公正廉明、不徇私情是值得肯定的。

季园诗碑　蔚然大观

骆骎曾是一位诗人，对诗歌情有独钟，这同他自幼受到的家庭熏陶有关。据志书记载，他的曾祖父骆文盛，“其文简古多思，尤深于诗冲，雅似唐人”，著有《两溪集》十五卷。祖父骆鸣銮“豪于诗酒，遇佳山水，辄与二三同志登临觞咏，著有《少溪集》行世”。

骆骎曾巡按太平府期间，登临过府城西北的谪仙楼。谪仙，即诗仙李太白。这谪仙楼建在长江边的采石矶上，传说李白曾在那里举杯

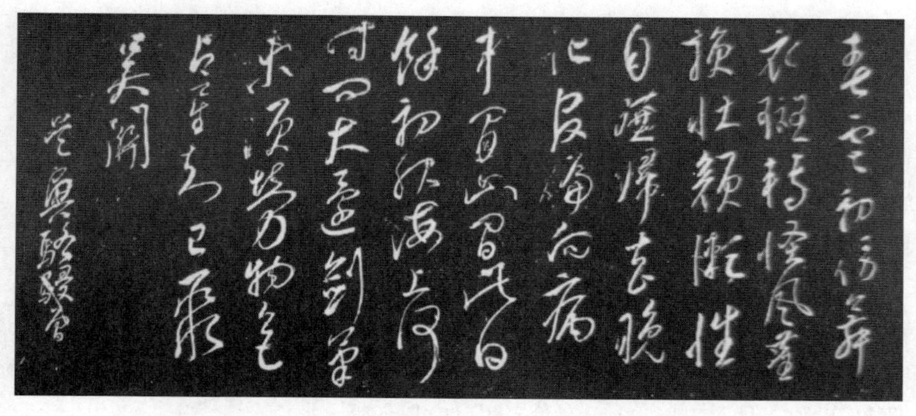

江阴中山公园墨华榭骆骎曾诗碑拓本（原载《古邑江阴》）

邀明月，斗酒诗百篇。仰慕太白遗风的骆骎曾来到这里，写下《谪仙楼》一诗：

> 红颜轩冕总蒿莱，身后何如酒一杯。
> 拂袖已辞天子去，赐环仍许夜郎回。
> 江湖无恙神仙籍，山水偏宜逐客才。
> 归去烟云应寂寞，月明犹似跨鲸来。

他还收集历代诗人咏题牛渚矶、谪仙楼的诗文，续辑成《谪仙楼集》文一卷、诗两卷。

万历四十八年，骆骎曾从太平府调来江阴已两年多。这一年对于大明王朝来说是个多事之年。七月，明神宗病死，光宗继位。八月，年号刚改为泰昌元年，接位仅一个月的光宗又死了，紧接着熹宗即位。眼看这年秋天便将离任，骆骎曾特作《江署感怀》诗一首：

> 春云初傍舞衣斑，转怪风尘损壮颜。
> 懒性自嫌归去晚，忙官偏向病中闲。
> 山间此日馀初服，海上何时问大还。
> 剑气未须劳物色，占星知已聚吴关。

他将这首诗勒石置于学署后花园“季园”，留作纪念。

没想到此后的历任学政相继效仿，卸任时均步骆骎曾诗韵唱和，崭露各自风采，并一一勒石。这些诗作被称为“季园唱和诗”。到后来，学政们的诗碑被集中起来，在雪浪湖东岸建起一座蔚为壮观的碑廊，命名为“墨华榭”。

一时间，墨华榭声名大震，各地文人学子到江阴，均以一睹历任学政留下的这些诗碑为快。或许骆骎曾自己也没有想到，当年他在江阴留下的一块诗碑，日后竟会引发如此雅举。

耿直敢言的诤臣倪元珙

倪元珙（1584—1639），字赋汝，号三兰。浙江绍兴府上虞县人。明天启二年（1622）壬戌科进士。历仕祁门、歙县知县，官至监察御史，后巡按江西。崇祯七年（1634）至十年（1637）以御史任苏松提学，督学吴中。

任职歙县　单骑弭乱

倪元珙先祖随宋高宗南渡，由山东青州迁至上虞贺溪，后徙居横山，世称上虞贺溪倪氏。这个家族耕读传家，廉明慈惠，精忠报国，代不乏人。倪元珙八岁丧母，成年后对父亲及后母十分孝顺。他三十四岁中举，三十八岁考中进士。初任徽州府祁门知县，后因才能突出，调到府治所在地歙县任知县。

倪元珙

天启年间，以魏忠贤为首的阉党专权乱政，打击异己，又派人到处搜集富人的私过，以查办为名掠其资财，于是，告密风蜂起。倪元珙在歙县任内，当地有个奸仆吴荣因对其主子吴养春不满，告发他“霸占黄山，盗卖木植，私创书院，招朋聚党”。结果，吴养春父子等八人被押往京城，史称“黄山案”。

魏忠贤派工部主事吕下问到歙县追缴“赃银”。吕下问“怙威暴横，掠吴氏赃尽一郡”，吴氏的许多族人都受到株连，引发百姓公愤。倪元珙向吕发问，既是查办吴养春，“一郡何罪乎？”并劝告他民情可悯，宜思善策以疏导为佳。吕置之不理。

这天夜里，来自歙县、岩寺的上万士民打起“杀吕安民”的旗号，聚集到吕下问下榻的察院公署鼓噪，用斧子砍开大门，一拥而入。吕下问吓得翻墙而出，仓皇逃往两百里外的绩溪。倪元珙闻讯后，连夜单人匹马赶到现场，慰谕百姓。众人在他的劝导下逐渐散去，一场骚乱终于平息下来。

第二天，倪元珙前往绩溪去见吕下问。惊魂未定的吕下问持刀咆哮如雷：“今天与你同归于尽。”倪元珙看他那副狼狈相，不觉笑道：“哪里用得着这般模样，百姓们已经散了。但愿公归告朝廷，黄山本贫瘠之地，不能产金也。”

事后，恼羞成怒的吕下问禀报魏忠贤，将这场民变归罪于倪元珙。魏忠贤大怒，下令逮捕倪元珙。东厂缇骑带上戒具正准备出发，从苏州传来前往逮捕吏部主事周顺昌的诏使被义士颜佩韦等愤而格杀的消息。魏忠贤一时胆怯起来，取消了逮捕倪元珙的行动。就这样，倪元珙暂时避过了一场劫难。

上虞贺溪倪氏宗谱

一个月后，魏忠贤又派大理寺正许志吉到歙县“督赃”。这个许志吉是徽州本地人，是个无赖，蹂躏自己的家乡甚于吕下问。面对趾高气扬的督查大人，倪元珙“据法争之”。其时，许多地方官员为了讨好魏忠贤，都为他大兴土木，营造生祠。许志吉提醒倪元珙，你这个官要当下去，也只有这样，倪元珙笑道：“土建之事，须与百姓谋之，今汹汹如此敢复犯乎？”许志吉脱口骂道：“是何虫蚁，欲挡车乎？”眼看倪元珙又将身蹈不测，就在此时，明熹宗死了，阉党的末日到了。倪元珙再次转危为安。

官至御史　拨乱反正

天启七年（1627）八月，明思宗朱由检继承帝位，年号崇祯。三个月后，开始整治以魏忠贤为首的阉党，魏忠贤畏罪自杀。

思宗即位后勤于政事，任用了一批有实际才能的人。耿直敢言的倪元珙以“治行高等”被提拔为监察御史，上任后首疏黄山一案，弹劾阉党余孽吕下问、许志吉。这桩冤案终于获得平反，但是，吴养春父子三人在阉党严刑拷打下，早已惨死狱中，妻子汪氏也已自缢身亡。其余关在京城大狱中的涉案人员劫后余生，得以重返故里。吕下问、许志吉均被撤职查办。最终，吕下问因黄山一案激成徽州民变而补入“逆案漏网”，从重定罪；许志吉更以“交结近侍”，即勾结阉党定罪，因“矫旨派赃，附逆流毒”，依律“斩，秋后处决”。黄山冤案的责任者终于受到了应有的惩处，至于那个恶仆吴荣，倪元珙认为也不能让他逍遥法外。作为当年黄山一案案发地的父母官，他和扬州府推官王征不约而同地奏请缉捕吴荣归案，绳之以法。但是，神通广大的吴荣最后却不知所终。

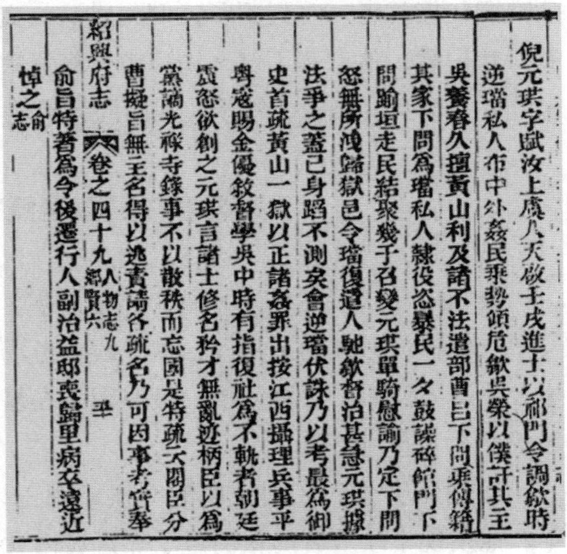
倪元珙字斌汝上虞人天啓壬戌進士以祁門令調歙時
逆璫私人布中外姦民乘勢傾危歙吳榮以僕訐其主
吳養春久擅黃山利及諸不法遣部曹呂下問乘傳籍
其家下問爲璫私人隷役恣暴民一夕鼓譟碎館門下
問踰垣走民結聚幾千召變元珙單騎慰諭乃定下問
怒無所洩歸獄邑令璫復遣人馳歙督治甚急元珙據
法爭之蓋已身蹈不測矣會逆璫伏誅乃以考最爲御
史首疏黃山一獄以正諸姦罪出按江西攝理兵事平
粵寇賜金優敘督學畿中時有指復社爲不軌者勅廷
裁懲欲創之元珙言諸士修名矜才無亂迹柄臣以爲
黨論光祿寺錄事不以散秩而忘國是特疏攻閣臣分
曹擬旨無主名得以逃責請各疏名乃可因事考覈奉
紹興府志　卷之四十九　人物志九　鄉賢六　卅
俞旨特著爲令後遷行人副治益邸喪歸里病卒遠近
悼之命志

清乾隆《绍兴府志》载《倪元珙传》

身为言官的倪元珙，言事日益尖锐。在明思宗上台初期拨乱反正过程中，倪元珙发挥了很大的作用，他在三个月内连续向思宗帝上了十数道奏章，除了提请为黄山冤案平反之外，他接连论告弹劾阉党余孽顾秉谦、魏广微、霍维华、李鲁生等，要求惩办这班奸臣逆子。与此同时，他又请求重新召用前些年遭到阉党迫害而被撤职贬官的刘宗周、惠世扬、方震孺、毕懋良、范景文、蔡思充、刘廷谏、耿如杞等一批贤臣。倪元珙还请求皇上慎重选拔官员，要遏制社会上那股用钱财买官的“杂流”。作为一名臣子，倪元珙在皇上面前如此直言不讳，可见其迫切希望朝廷尽快消除阉党流毒、重振朝纲的良苦用心。

据其从弟倪元璐在《光禄寺寺丞先兄三兰府君行状》中记述：“凡十数奏，天子皆用其言。”清代江阴籍学者陈鼎也在其所著《东林列传》卷十六《倪元珙传》中写道：“凡数十奏，上皆是之。”从这两处记载看，此时的明思宗对于倪元珙的进言，是肯定的，并予以采纳。

不久，倪元珙奉命巡按江西。明代后期，国势衰败，危机四伏。思宗上台后虽然励精图治，朝政已难有起色，各地民不聊生，烽烟四起。当倪元珙来到江西的时候，地方上局势动荡，主管军事的抚军因病离职，接替者一时到不了，倪元珙这位文职官员只得代理兵事，据其行状记载，他“募丁健，饬将吏，集资粮，谨侦谍，清野积，缮城濠”，“会兵合剿”，终于使江西局势平定了下来。

督学吴中　直言贬官

崇祯七年，倪元珙因“儒者，有文章名”，思宗命他以御史督学吴中。在担任学政的三年间，他在改善考场环境、更新庙学建筑、选拔人才等方面做了许多实事，最终因站在复社立场上为之直言相辩而触犯皇上，遭到贬职。

当倪元珙来到江阴任职的时候，距王以宁首驻江阴已整整二十年。他发现学政节署的辕门过于靠近城内大街，每当各地学子云集江阴参加岁、科两试时，大街上人流如潮，拥挤不堪，诸生进入考场受

江阴学宫图

到阻碍。为了消除拥挤之患，倪元珙令属下对辕门两侧的民居估值作价，然后拆迁了部分房屋，从而使辕门周围的场地得以增拓，确保了正常的考试秩序。

自从明初江阴侯吴良在城内文庙创立庙学，洪武十五年（1382）庙内重建讲堂，后逐步形成左庙制右学制的格局。历经沧桑岁月，文庙的建筑已显得陈旧破败。崇祯十年（1637），倪元珙令训导庄继光督修，招集工匠，备齐材料，锐然更始，文庙内所有殿堂、廊屋、台阶、墙壁均整修一新，俱极坚精。

作为学政，倪元珙在考察、 选拔士子上尊重法则，轻忽权贵，尤其注意不埋没人才。他在官场上敢作敢言，他认为一个人拘束、畏惧则气衰。对于倪元珙担任学政期间的政绩，光绪《上虞县志》颇为称颂："凡三年，吴才尽出，甲于天下。"甚至于说到"吴之君子以为，三百年来学使未有如倪公者。"

然而，就是这样一位敢作敢言、政绩斐然的人物，却在他学政任期的最后一年栽了跟斗。事情的缘由是这样的：崇祯年间，社会矛盾趋于激烈，一些江南士人以东林党后继为己任，成立复社，其成员多是青年士子，先后共计两千多人，声势遍及海内。其领袖人物为太仓张溥、张采，与倪元珙交谊甚厚。由于复社的影响巨大，当时的士子都以不入复社为耻。张溥、张采有个同乡陆文声，本与张采有私怨，要求加入复社又未成，于是前往京城弹劾张溥、张采"倡复社，乱天下"。

崇祯帝大吃一惊，下令将此事交苏松学政倪元珙核查。倪元珙

江阴文庙大成殿（沈俊鸿摄）

很快就呈上了一份调查报告，报告中说："诸生诵法孔子，引其徒谈经讲学，互相切磋，文必先正，品必贤良，实非树党。文声以私憾妄奸，宜罪。"崇祯帝见倪元珙在报告中为复社辩护，极为不满，斥责他"蒙饰"，当即将其降职为光禄寺录事。

倪元珙被贬官后，为时局忧心，再次上疏。后调职为行人司副，不久返回家乡。崇祯十二年（1639）三月，朝廷又升任他为光禄寺丞，而此时的倪元珙已重病在身，十天后便离开了人世。据康熙《绍兴府志》记载，倪元珙"病卒，远近悼之"，可见他是很得人心的。

以德治政的诗文家田雯

田雯（1635—1704），字紫纶，一字子纶，亦字纶霞，号漪亭，又号山姜子，晚号蒙斋。山东德州人。康熙三年（1664）殿试二甲第四名进士。十九年（1680）提督江南学政，二十六年（1687）出任江苏巡抚，后调任贵州巡抚。

三十八年（1699）由刑部侍郎转任户部侍郎，后以病辞职归里。著有《古欢堂集》《长河志籍考》《黔书》等。

田雯

废寝忘食　按试江南

田雯自幼读书勤奋，智力超群，他六岁即能背诵《孝经》，十六岁学通经史，童试获第一。十八岁那年，以设馆教书为生的父亲登进士第，翌年被任命为浙江丽水县知县，不料，赴任后不足半年即死于任上。家难之后，面临强族豪戚欺凌，田雯发愤读书，二十六岁乡试中举，二十七岁会试中式，三十岁参加殿试，为二甲第四名进士。

进入仕途的初期，田雯任中书舍人，官微职卑。此后，逐步升职。到了康熙十九年（1680）四十六岁时，田雯终于步入官场上层。那一年，上任才一载半的江南学政刘果因继母去世，告假返乡，其时，全省各府的岁试尚未考遍，亟待派员顶缺。康熙帝认为江南人才重地，学政一职，须慎选其人，经工部尚书朱之弼力荐，皇上在瀛台三次召见田雯，询问其年齿、甲第及经历后，决定提升他以按察司佥事出任江南通省学政。

上任伊始，田雯除旧布新，制定了十五条教育条例，然后便奔走于大江南北间，全身心地投入全省各府的岁试。据其弟田需在田雯《行状》中记述，田雯从九月抵达江阴赴任，到第二年七月，水陆计程一万多里，阅卷九万五千多份，不足一年，便完成了前任学政余留下来的考试事务。期间，他日以继夜，废寝忘食地工作，以至于饮食失节，生活无常。寒冬季节他的手足冻得开裂，夏天则被蚊蝇叮咬，为了履行职责，他毫不顾及自己的身体。

在清代官员中，田雯以清廉俭朴著称，每当外出办事，他总是轻车简从，从不惊扰百姓。苏州学者惠周惕是田雯的“门下客”，对田雯十分了解，他写过一篇《送学使田公归德州序》，文章生动而形象地描绘了田雯担任江南学政期间按试途中的场景：

“比督学江南，舁以肩舆，从两驴，载衣裳一箱，五经子史两方厨，苍头奴二人，踽踽行道上。戒有司勿置邮传给供张，自市蔬菜十把、脱粟三斗，不为酒醪佳设，惟日矻矻以文章为事。”从这段文字看，在前往各府主持考试的路途上，这位督学大人仅以一顶小轿代步，全无高官显吏的派头，两头毛驴载着他的一箱衣物和两只装满书

德州田雯纪念馆

的竹箱子，后面仅有两名随从。尤其令人感佩的是，沿途他禁止地方官员迎送招待，一路上他和随从自己买菜做饭，不沾美酒佳肴。

由于田雯为官清廉，在各州府考试中严绝请托，考校公明，士子们的反响都很好。对于应试的诸生，田雯希望他们要勇于表达独立见解，“卒然成一家之言”。他公开告诉他们，对于剽窃模拟、拾人牙慧者，他在阅卷时将“尽置劣等”。在他的鼓励和引导下，整个江苏的文风为之大变。

以德抚黔　造福一方

在学政任满离开江阴五年之后，田雯于康熙二十六年（1687）重返江南，出任江苏巡抚，成为镇抚一方的封疆大吏。一年后，又奉旨调往西南，担任贵州巡抚。

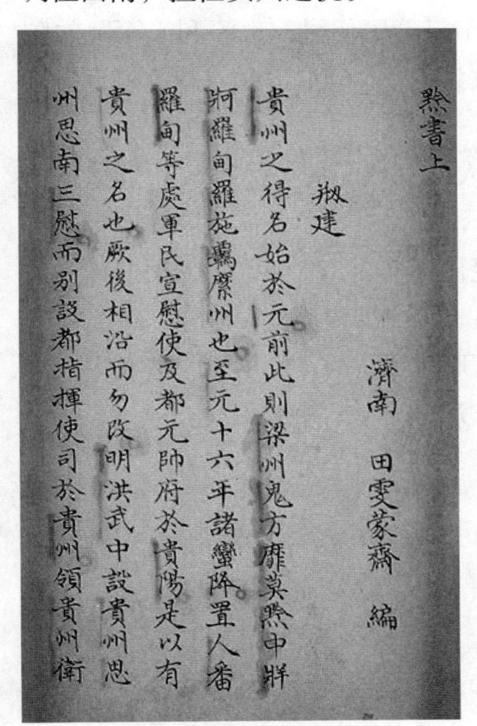
黔書上
[illegible]建　濟南　田雯蒙齋　編
貴州之得名始於元前此則梁州鬼方靡莫黔中牂
牁羅甸羅施鸕鷀州也至元十六年諸蠻降置八番
羅甸等處軍民宣慰使及都元帥府於貴陽是以有
貴州之名也厥後相沿而勿改明洪武中設貴州思
州思南三慰而別設都指揮使司於貴州領貴州衛

田雯著《黔书》

贵州是一个苗、仲（今布依族）等少数民族聚居的边远贫困省份，因民不聊生、民族矛盾激化，常常引发骚乱。作为一省之巡抚，田雯不赞成动辄使用武力会剿镇压，他在自撰年谱中写道：“会剿之议，虽为地方起见也，而有所不必者。”“况官兵深入，势必玉石难分，株害无辜。实不若严谨巡防，殷勤化诲之为得也。愚侧闻地方之所以不靖者，亦非尽苗蛮之过也。”

在贵州任职的三年间，田雯始终坚持以疏导、和平的方针处理民族矛盾。除了整肃吏治、奖励农桑外，他把发展文化教育作为治黔方略的重要内容。他认为“穷荒困陋，必崇文治，而后可以正人心，变风俗”。赴任贵州后，他向朝廷呈上的第一本奏折便是《请建学疏》。奏折中写道：“臣忝任抚黔，以敦崇学校为先。盖学校之关系，乃风俗人心之根本。”鉴于永宁、独山、麻哈三州，贵筑、普安、平越、都匀等九县，都还没有设官学，他认为“建学育才，诚不可缓”，故具奏请增设学校，增加教官训导，让平溪、清浪两地生员就近应试等。他的这些建议均为朝廷所采纳。

田雯治黔善于发现问题，解决问题。在贵州，他发现各地驻军的粮食供应极不合理。当时，驻黔清军大多驻扎在威宁、大定（今大方县）、黎平、思南、铜仁等地，距离省城贵阳近者五六百里，远则上千里，那些地方兵多米少，驻军的粮食供应要从贵阳周边的开州（今开阳县）、修文等县拨支，路途遥远，又山川险阻，不通舟车，全靠人力背负于崇岭陡壑之间，近则数日，远则二十天才能运到，以至于运费是米价的两倍。田雯认为这不仅劳民伤财，也不利于军队的防务。为此，他疏请朝廷，将供米改为给银，让驻军领了粮款就近自行采购粮食，这样一来，兵民两便。

为官一任，造福一方。贵州人民对田雯的仁义德政和教化之功感激不尽，在他返乡为母守孝时，泣送者排成了长队。康熙四十三年（1704），田雯在山东逝世的噩耗传到贵州，贵州人民无限悲痛，他们将其入祀“名宦祠”，后来又在贵阳府城内为他单独建“田公祠”专祀之，以示尊崇。田雯在贵州任职时写下的《黔书》，被视作他治黔的一大政绩，成为黔人后学以及历任抚黔者的资治之宝。

勤于诗文　著述宏富

田雯一生不仅政绩卓著，而且工诗善文，笔耕不辍，他的诗以博奥奇丽驰骋一时。康熙十四年（1675）前后，他在京城任职期间，与当时名流颇多唱和，合称 “金台十子”，当时的诗坛领袖王士祯曾选刻《十子诗略》十卷。十子中有一位后来担任国子监祭酒的曹禾，系江阴人，是田雯的知己。田雯在寄给他的一首诗中曾这样写道：“只合与君拚共醉，桃花似火柳飞绵。”两人之间情谊之炽烈，由此可见一斑。

勤于写作的田雯著述宏富，其主要著作有《古欢堂诗集》十五卷、《古欢堂文集》十二卷、《长河志籍考》十卷、《黔书》两卷、《幼学篇》四卷、《诗传全体备义》八卷，以上这几部均收入《四库全书》。此外，还著有《楚储米议》《观水杂记》《游太室、桐柏山、少林寺、司空园记》《宝泉记》《黔苗蛮记》和《苗俗记》等。

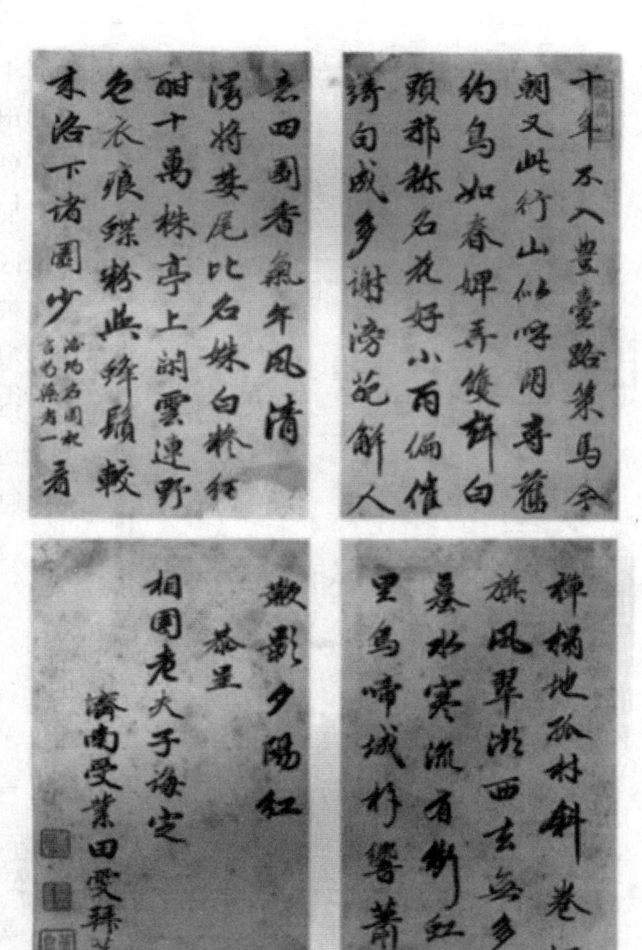

田雯行书诗页

从现存的一千三百多首诗作看，田雯的诗标新立异，构思精巧，风格雄浑豪迈，瑰丽多姿。《四库全书总目提要》评介他的诗“天资高迈，记诵亦博，负其纵横排奡之气”，“以奇伟钜丽自喜”。在清初诗坛上，田雯与王士祯同享盛名。

尤其难能可贵的是，田雯的诗篇不仅描写了祖国的大好河山、民俗风情，而且真实地反映了当时的社会现实和劳动人民的疾苦。康熙

田雯六十岁画像

十五年（1676），在户部任职的田雯奉命监督大通桥漕运事务，任务完成后，刻石树碑记其事。他联想到东南地区的老百姓通过大运河将漕粮千里迢迢运到京师，途中艰辛备尝，险象环生，不由得“恻然心伤”，写下了长达五十二句的五言古诗《大通桥行》。

诗中写道：“忽念东南民，何以劝输将？追呼在有司，鞭扑泣路旁。”“田妇无完裙，农夫余鹑裳。辛苦乌敢辞，耕馌习为常。前年遭水旱，井里多流亡。但免官府怒，那复思盖藏？”“舶赶有健卒，供给杂筐筐。黄河水崩奔，千里接混茫。一船溺汹涛，如马脱辔缰。一船雀鼠窃，剜肉谁医疮！”“有吏苛如虎，怒臂抵螳螂。嗟哉鱼中钩，吞噬安可量！车夫无符籍，潜逃避祸殃。”“丰年米价贱，入市如秕糠。卖牛还鬻女，薙首叹牂羊。”“庶几采风者，闻之心悲伤。”字字句句，倾吐出民间百姓的悲惨遭遇，同时也折射出诗人的正直和人格魅力。

田雯对待写作一丝不苟，苦心孤诣，晚年在病中还同儿子“讨论汉魏以来文章源流，并时人沿袭唐宋文之弊”。直到临终前，还在牵挂“文集体裁不一，未及订正为恨”。他的著作，是清代的重要文献，是留给后人的一笔珍贵的文化遗产。

治河能臣张鹏翮

赵 统

张鹏翮（1649—1725），字运青，号宽宇，四川遂宁人。康熙二十八年（1689）官浙江巡抚。三十三年（1694）以兵部侍郎督江南学政，三十六年（1697）离任后，历官都察院左都御史、刑部尚书，授两江总督，调河道总督，又调户部尚书、吏部尚书，加太子太傅。雍正即位，授文华殿大学士，位极人臣。张鹏翮驰骋官场五十年，是康熙朝有名的治河能臣。

张鹏翮

奉使漠北

张鹏翮于康熙九年（1670）中进士，选庶吉士。三年后，改官刑部主事，升刑部员外郎。不久，升礼部郎中，得到康熙帝的赏识，召见他时，特为赏赐皇家池苑中捕捞的鲤鱼。以级别较低的郎官身份，得到这样的特殊恩典，有清一代，张鹏翮算是开了先例。康熙十九年（1680）起，先后外放江南苏州知府、山东兖州知府，授河东盐运使。后内迁通政司右参议，转兵部督捕理事官。

康熙二十七年（1688），清军取得了反击沙俄侵犯的雅克萨城之战胜利后，张鹏翮随从内大臣索额图、都统佟国纲奉使漠北，前往俄国谈判，勘定与俄罗斯的边界。一行人进入荒漠时，常遇风暴，滴水皆无，环境十分艰苦。然而，怀着一颗报国之心的张鹏翮，却对途中遇到的种种困难等闲视之。他在家书中写道：“愿效张骞，以身许国，予之志也。”并作《奉命出使俄罗斯口占》诗一首：

阊阖銮云捧玉皇，同文盛治肃冠裳。
一人有道来荒服，两曜无私照万方。
威播楼兰能顺命，化行西域自尊王。
皇华不暇歌将父，报国丹心日正长。

这次赴俄谈判的结果，签订了中俄《尼布楚条约》。《尼布楚条约》是中国和外国之间所订的第一个近代意义上的边境条约，这个条约肯定了外兴安岭以南，黑龙江、乌苏里江流域包括库页岛在内的广大地区，都是中国的领土。条约的签订，客观上遏止了沙俄继续向东扩张。

使命结束回京，张鹏翮升大理寺少卿。他后来撰有《奉使俄罗斯日记》（一名《漠北日记》）一书，书中记叙奉使途中迂回困苦的情景，说有时只想得到“凉茶一碗，老米饭一瓯”，也难如愿。自己整日骑着战马，长途奔走，疲劳不堪。最痛苦的是，大腿根部被马鞍磨破后，伤口疼痛难熬，刚有点结痂，跨上马，伤口处又碎了。一介书生，能紧随身经百战的索额图、佟国纲而不辱使命，也真难为他了。

四川遂宁蓬溪县奎阁坝公园内的张鹏翮塑像

后扈从康熙帝南巡，在北返途中，至苏州，即授浙江巡抚，迁兵部侍郎。

视学江南

康熙三十三年，因江南学政邵嗣尧突然因劳瘁去世，康熙帝特命张鹏翮接替江南学政。张鹏翮半途接手，事务丛脞。奔竞者纷纷，都要来“开后门”。但是，张鹏翮不为所动，考试关防严峻，取士公正廉明。秉承信念，直道而行。结果，到他两年多学政报满，没有一人能得逞其私，即便是朝廷身居要职者，也大都不敢私下请托于张。到后来，偶尔也有一二官宦子弟，得到京师寄回家的请托信函，但到了学使行辕之前，逡巡踯躅，徘徊往来，最终还是不敢将信递呈，怏怏而归。

一转眼到了三十六年春，眼看学政任期届满，就将离开江阴了，张鹏翮和他的前任们一样，在学署后园留下诗碑一方。他用存雪亭壁间韵，写下《立春感怀》七律两首：

久劳王事鬓毛斑，舞采何时一解颜？
恋阙有怀凭落鉴，瞻云无自赋心闲。
阶前雪霁红尘净，亭下梅开春信还。
深夜月明频怅望，思亲魂梦到乡关。

窗前春意草斑斑，乐道忘机可驻颜。
世上有求皆龌龊，心中无欲自清闲。
两江化雨需优渥，万里飞云共往还。
莫羡此亭多雅趣，故园松菊最相关。

从诗中可以看出，学政一职是很操劳的，以至于“久劳王事”的诗人半百未满，却已“鬓毛斑”了。存雪亭下的梅花开了，报道着冬

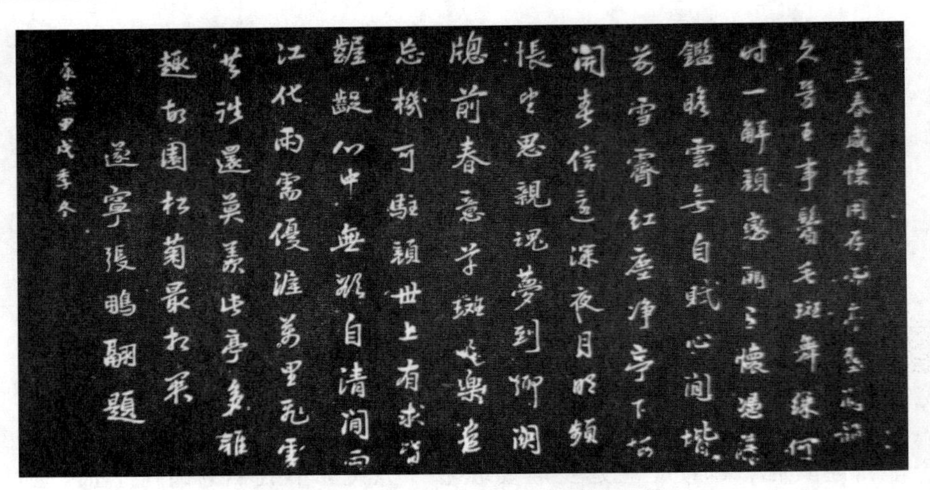

江阴中山公园墨华榭张鹏翮诗碑拓本

去春还的信息。月光下，诗人已在思念自己的家乡了。“世上有求皆龌龊，心中无欲自清闲。”这两句诗可以说写出了张鹏翮自己淡泊宁静的品格。在他看来，存雪亭的雅趣还不值得他留恋，故园的松菊才是他最向往的。

张鹏翮离开江南后，读书人都思念不已，每每议论所及，还有人唏嘘流涕。于是，吴中人士就在江阴为张鹏翮建立生祠来纪念他。

康熙帝很欣赏张鹏翮的清廉节操，特地赐书奖谕，将他与宋荦相比，称“从前作清官者，宋荦一人，近日张某堪与之匹”。因宋荦在张督江南学政前两年，曾任过江苏巡抚，有“清廉为天下巡抚第一”的美誉。

治河能臣

张鹏翮回京后，升迁为都察院左都御史、刑部尚书，授两江总督，调河道总督，又调户部尚书、吏部尚书，加太子太傅。雍正即位，授文华殿大学士，位极人臣。

张鹏翮自康熙三十九年（1700）任河道总督，至雍正三年（1725）逝世，二十多年中，断断续续，张始终与水利工程结下了不解之缘，是康熙朝有名的治河能臣。

康熙帝对治理黄河一直非常重视，他曾说过："朕自听政后，以三藩及河务、漕运为三大事"，平定三藩后，治理黄河和畅通漕运便是最紧要之事，尤以治河为重中之重，因为"河务不得其人，必误漕运"。康熙帝便将治河重任加在了张鹏翮身上。

当时的黄河入海口在苏北，河道总督衙署就设在江苏的清江浦（今淮安市）。张上任后，"博考舆图，遍寻古迹"，广泛收集有关治黄、治淮以及漕运的资料，屡向康熙帝上陈治河对策，请以便宜行事。如对待各级治河人员，凡实心任事者，工程完成后，应立即从优考核，实授官职；不能实心做事者，严加惩处。挑河筑堤的夫役，寒暑风雨，极其劳苦，工成之日，应发给凭证，免去他们的杂徭等等，这些都得到康熙同意。康熙赞扬他深得治理黄、淮的秘要，说"张鹏翮遇事精勤，从此，久任河务，必能有益"。又说："张鹏翮自到河工，在署之日甚少，每日乘马巡视堤岸，不惮劳苦，朕深知之。"甚至说道：做官如果能做到像张鹏翮那样，还有什么可说的呢?

张鹏翮治河的二十多年中，曾有三次做"宰相"的机会，然而都未成现实，因为在康熙的心目中，治河方面，无人能替代这位能臣的位置，至于入阁拜相，暂时只能委屈他了。康熙曾对官居尚书（从一品）、年届不惑的张鹏翮说：以官位论，你不该再派出治河；以年岁论，你也不应该再被差遣。但是，遍视群臣，没有哪一个能超过你。直至雍正接位，张鹏翮才如愿官拜大学士（正一品）。

雍正初年，黄河在河南武陟县马营口老堤决口，长时间未能堵塞。当时张鹏翮已七十多岁，雍正帝很倚重他，仍派往勘察，最后还是采纳张提出的治河方案。雍正三年，张鹏翮逝世，年七十六岁。加少保，谥文端。八年（1730），雍正帝在京师设贤良祠，下诏张鹏翮入祀。

钦差审案

由于张鹏翮操守清廉，办事干练，所以经常被康熙派出审查大案、要案。

康熙三十八年（1699），一年中先后两次与刑部尚书傅拉塔被派赴陕西，察审陕西官员侵蚀贫民籽粒银两一案。第一次审察结果让康熙不甚满意。六月，再次派出两人详细复审该案。因事关地方大员，张鹏翮不得不谨慎从事。下年初，张鹏翮才回京复命。康熙对张鹏翮审理此案的表现大加赞赏，对大臣们说：张鹏翮前往陕西，朕留心察访，果然是一介不取，天下廉吏无出其右者。钦差大臣位尊权重，所审案件中人的身家性命全在他的手中，于是请托、行贿种种手段都会行使出来，然而，张鹏翮“一介不取”，全然不为所动，由此赢得“天下第一廉吏”的美誉。

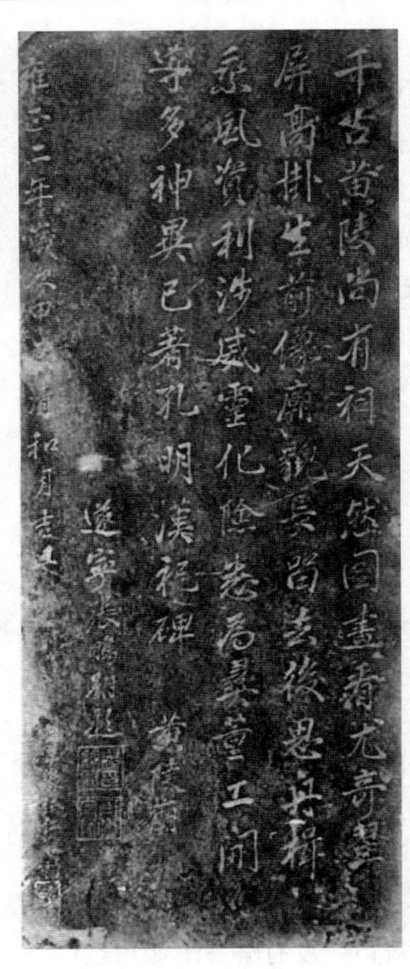

张鹏翮诗碑拓片

然而十多年后的两次审案，却使他招来很多非议。

康熙五十一年（1712）十一月，赴南京审理江南乡试科场弊案，有两位举人是因行贿得中的。审理过程中，案情却变得复杂起来。江苏巡抚张伯行上疏参劾两江总督噶礼通同舞弊，在科场中索取银子五十万两。噶礼也毫不示弱，列举条款弹劾张伯行。张伯行是有名的清官，也是理学名臣，读书人都很尊敬他。然而，张鹏翮最后审理的结果，却是左袒噶礼，而不利于张伯行。吴中士人大为不满。

两年后，又因江苏巡抚张伯行与两江总督赫寿龃龉互劾，张鹏翮又一次赴江南审理督、抚案件。张鹏翮认为是张伯行诬告。康熙令再详审，张鹏翮仍以张伯行“巧饰奸欺”上奏。此举又一次激怒了江苏士子。

江南的两次审案，虽使张鹏翮清名似有小损，但康熙对他的宠信一直未减，因隐藏在案件背后的真实原因，乃是皇帝操纵利用满汉大臣间的矛盾，从而达到巩固其皇权的目的。

一介书生余正健

赵　统

余正健（1657—1717），字乾行，号惕斋，福建古田人。康熙三十五年（1696）中福建省第一名举人（解元），明年成进士，后授翰林院编修。康熙五十三年（1714），以国子监祭酒任江南学政，为政“和而不流，清而不刻”。服官二十余年，始终保持书生本色。官至顺天府尹、都察院左副都御史。

明清两代，江阴名宦祠有学政七人入祀，余正健为其中之一。

余正健

一代祭酒　勤于职守

余正健少时家境贫寒，读书勤奋，院试以第一名入县学。余正健服膺程朱理学，成秀才后，言行举动，以古圣贤自勉。侍奉母亲十分孝顺，对待兄长也极其恭敬。平时则以课读为生，余正健对生徒讲说时，必定穿戴整齐，正襟危坐，喜怒不形于色。

康熙三十五年丙子科乡试，余正健中福建省第一名举人，俗称解元。明年（1697）连捷中进士，选庶吉士（庶吉士，是新进士经选拔后入翰林院学习时的称呼，不是官职）。散馆，授翰林院编修，后任国史馆纂修。所谓散馆，是指庶吉士在翰林院三年见习期满，所举行的一次

福建省古田县杉洋镇余氏蝉林祠

考试。合格者留馆成为翰林院编修、检讨。成绩落后者改部郎，如张鹏翮，改为刑部主事。甚或外放知县，如袁枚，散馆后外放江南知县，袁是乾隆时期的大诗人；王亦曾，外放广西知县，王晚年曾主讲江阴南菁书院。

康熙四十七年（1708）是乡试年，朝廷选拔外放各省乡试的正、副主考，余正健参与考试，获第一，被任河南乡试副主考。余正健在乡闱中阅卷认真，甄别公正，所选拔出来的举人，均为河南才俊。余正健清正廉明的声誉，上达天听，龙颜大悦。余正健返回京师后，康熙帝赐给他松花石砚一方。松花石采自清朝的龙兴之地东北，故清朝历代皇帝都很喜欢它。康熙说它“寿古而质润，色绿而声清”，乾隆则称赞它“发墨”的效果与端砚相同，但其石质则在歙砚以上。臣子得到皇帝御赐松花石砚，实在是莫大的荣宠。随即余正健被康熙点名参与纂修《御选历代诗余》。

余正健后升迁左春坊左中允、翰林院侍读，再迁国子监祭酒（国家最高学府的校长）。余在国子监勤于职守，对学生谆谆教诲，却又严格管理，课试甄别，一点也不放松，学生也一点不敢弄虚作假。

康熙五十二年（1713），江苏布政使缺员，于是，人称“天下清官第一”的江苏巡抚张伯行推荐三人，分别是福建布政使李发甲、台湾道陈瑸和当时正因事请假回乡的国子监祭酒余正健，认为他们都是清廉有为之士。康熙并未接受张伯行的建议，江苏布政使另用他人，但也素知余正健的清名，便于康熙五十三年（1714）任命余正健督学江南。

和而不流　清而不刻

余正健在江南学政任上，“条教不繁”，即不搞繁文缛节，而只是“正本清源”，从学政自身的清廉做起。余正健按临各府、州考棚，从不讲排场，只带几个仆人而已。各下属对于这位学政大人的风骨节操，都很敬畏，没有哪个敢做出诸如请托求情、暗通关节之类的

余正健就读过的蓝田书院

雍正皇帝御赐余正健的匾额

不法事情。余正健批阅考生试卷，十分辛苦，甚至通宵达旦也不肯休息。余正健评定试卷的优劣，主要看考生的学问是否有根底，而不重视他的辞藻是否锦绣华丽。他后来将考生的优秀试卷合集刻板发行，取名《校士漱芳录》。

余正健接见诸生时，态度真诚剀切，语气温和醇厚，勉励他们以培养高尚品行为第一要事。士子都称赞余学使“和而不流，清而不刻”，意思是说，余的为人处事很有原则，相处和顺而不随波逐流，清正廉明而不刻薄寡恩。

刘廷玑在其《在园杂记》中记有一事，赞扬余正健“清正和平”。当余正健督学江南时，刘廷玑正任江南淮徐道。刘想请求余学使将他父亲入祀名宦祠，因其父生前曾服官江南，至今犹“遗爱未泯，士民感颂不忘，请祀名宦”。凡请祀名宦，照例要经学政批准，下面才可遵照执行。然而，道路相传，余公严厉，不但不能以私事去请托，甚至连书信往来，也投递无门。所以刘廷玑也不敢轻启其口，但又心有不甘，于是抱着试试看的心情，写信给余。不想余学使不但立即回复，如其所请，而且回信中词语谦逊。刘廷玑不禁感叹道：“始知真清正者，未有不和平者也。”确实，再清廉的官，也不应不近人情。令刘廷玑更为感动的是，余学使不但应刘的请求，允许其父入祀名宦，竟还主动帮助刘廷玑，让刘的祖父也崇祀江宁。原来刘的祖父生前曾任江南通省布政使，逝世后，江宁（今南京）百姓吁请入祀名宦，但前任学政推托“历年久远，无从稽考”，不肯办理。后康熙南巡，赐刘廷玑“旧德贻谋”匾额。所谓“旧德”，即指刘的祖父之勋业。余正健听说此事，马上翻出旧案宗，催促下面赶紧落实。刘廷玑当然感激万分，再次称赞余正健“清正和平”。

余正健十分注重在各地推行教化，以激浊扬清为己任。他对于“名宦、乡贤、忠孝、节烈”诸事特别重视，先进行精确详尽的考核，待确切无误后再加以表彰宣扬，给后人树立榜样。如前所述，刘廷玑祖父和父亲入祀名宦，便是一例。康熙五十四年（1715），余正健上奏朝廷，请将先儒范仲淹从祀孔庙，以补数百年祀典之阙。范仲淹是宋代名臣，其提倡“先天下之忧而忧，后天下之乐而乐”，至今仍为后人奉为理想人格的准则。从此，人们去孔庙祭拜时，也与范仲淹结下了一番香火情。

余正健的清廉好名声，流传遐迩，连远在京师的皇帝也有耳闻。同是清官的陈瑸（广东雷州人，与明代的邱濬、海瑞合称岭南三大儒），在他自订年谱中，就回忆起康熙帝召见他时，君臣问答的情景，时在康熙五十四年十二月初八日。康熙问陈瑸知晓哪些好官，陈瑸答

余正健故里的“正健公园”

道：“现任江南学政余正健，学问好，人品端方，是皇上所素知，不待臣推荐。”康熙听了，也说：“他做江南学院，声名很好。”

江南士人都很爱戴余学使，以致民间竟有余正健本是无锡人的传说。据乾隆年间无锡名士钱泳《履园丛话》记载，无锡某地有一个叫王奎的，博学能文。少年时做梦，见家门口贴了一张进学报单（中秀才的通知书），上写有“余奎”两字。于是王奎将姓名改为余奎，赶赴江阴应试，果然入泮（中秀才，文庙内有泮池）。于是，传言纷纷，说学政余正健本是无锡人，三四岁时有远客买去为子，现在是返回故乡，终于没有忘记家乡旧情，将宗亲余奎录取入学。传说虽有点荒诞不经，却让人觉得余正健与江南士子除了师生名分外，似乎还多了一份难以言说的亲情。

居官清正　书生本色

康熙五十四年十二月九日，即接见陈瑸之后的次日，康熙帝即传谕大学士等：“江南学院余正健操守甚好，但不知其办事之才何如？尔等可传谕九卿，有如陈瑸之清操为人所共知者，着奏闻。”于是，余正健迅即被召回京，任职顺天府尹。这大概是陈瑸在康熙接见他时推荐了余正健的原因。陈瑸与余正健是君子之交，两人在官场上的交集并不多，康熙三十三年（1694），陈瑸当过余正健家乡古田县县令，或有可能两人于此时相识。

余正健在顺天府尹任上，勤于奉职。京师之地，事务繁杂，余正健剔除积弊，惩处奸宄，审理冤狱，巡视城壕，维护京师安定。康熙五十五年（1716）十月，余正健升迁为都察院左副都御史，仍兼管顺天府尹事。

然而数月后，余正健即被解职，原因是康熙帝认为他不会办事。据说，有大臣为他求情，称他清正，康熙却说：那还不如立一个泥塑木雕，不吃不喝，不是更好吗？在康熙眼中，同是清官，陈瑸的学问虽然平常，而有才干，能办事。余正健虽然学问优长，却不能办事，那当然用陈瑸，而不用余正健了。时陈瑸官福建巡抚。但官场复杂，如说余正健不会办事，那他在国子监、江南学政、顺天府任内，不是干得好好的吗？

康熙五十六年（1717）二月，上谕吏部："都察院左副都御史管顺天府尹事余正健，居官虽清，全不能办事。伊原由祭酒擢用，今仍以祭酒衔在修书处行走。"这时的余正健可惨了，别说是左副都御史、顺天府尹都被撤了职，连国子监也回不了，只是还留有一个"国子监祭酒"的虚衔，实际工作是到修书处去做刊印校雠书籍的事。一个月后，余正健被放云南学政，可见康熙帝还是很看重他的学问品行。但余此时已重病在身，便告假回乡，中途疾病发作，逝世于山东临清。

余正健写有一副余氏祠堂对联，可见其服官多年，仍不失书生本色：

看世上几百年旧业，无非积德；
论天下第一件好事，还是读书。

三任江苏学政的张廷璐

赵 统

张廷璐（1675—1745），字宝臣，号药斋，安徽桐城人。康熙五十七年（1718）一甲二名进士（榜眼），翰林院编修。自雍正七年（1729），至乾隆三年（1738），三任江苏学政，督学江苏连续九年，任职之长久，有清一代，绝无仅有。张廷璐官至礼部侍郎。

三任九载

张廷璐

张廷璐，家世显赫。父张英，康熙朝官至文华殿大学士兼礼部尚书；兄张廷玉（张英第二子），雍正朝官至保和殿大学士、军机大臣。雍正创设军机处，张廷玉为定规制。雍正帝临终前，命张廷玉配享太庙，清朝二百六十七年，汉大臣配享太庙者，张廷玉一人而已。

张廷璐是张英第三子。康熙四十一年应江南乡试，中副榜。五十二年乡试中举。五十七年中一甲第二名进士（榜眼），授翰林院编修，入值南书房，升迁侍讲学士。雍正元年（1723），出督河南学政，因处理封丘考生罢考事，被雍正帝认为“约束生员不严”而遭落职。不久又重新起用，升国子监祭酒，迁詹事府詹事。

雍正七年（1729），差江苏学政。三年报满，因有公正廉明的好名声，奉旨再留三年，期间升礼部侍郎。雍正十三年（1735）八月，雍正帝病逝，乾隆亲政，十月，命张廷璐又再留三年。乾隆对其兄军机大臣张廷玉说："江苏学政紧要，甲于天下，张廷璐久于此位，名声甚好，已著有成效矣。朕接位之初，岂可舍此可信者而另用他员耶？"张廷璐连续九年三任江苏学政，这在有清一代可算是绝无仅有之事。

爱才若渴

张廷璐在江苏时间长，所以有关他的传闻也就多。

张廷璐按临苏州府，在考场中遇见长洲（今苏州）老名士沈德潜，沈此时年近六十，比张还大两岁，依然还是秀才功名。张就问沈："贵乡名叫沈德潜的有几个人？"沈回答："就生员我一个。"张廷璐肃然起敬，说道："我少年时就读过先生所作的制艺（八股文），想不到先生至今还是青衿一袭。"惋惜之余，立即选取他为拔贡。后来，沈德潜中举，中进士，入翰林，一帆风顺。沈对张的知遇之恩一直未能忘怀，晚年在自订年谱中，也不忘记上一笔，称张廷璐督学江苏九年，从来没有一次随便出口伤害读书人，士子与张学使相处，如坐春风中，张离开江苏后，士林思慕不已。

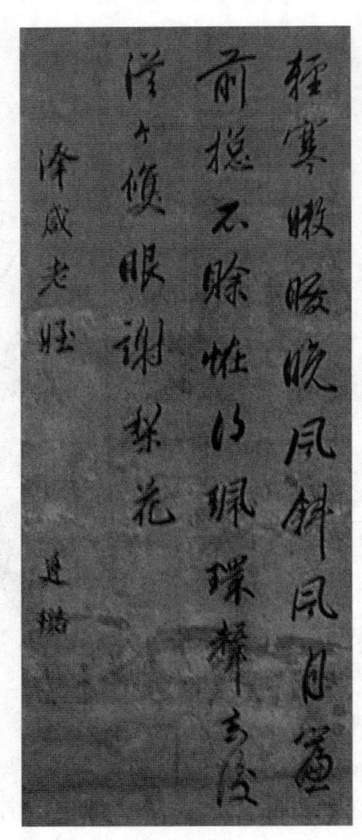

张廷璐题诗

张廷璐尊敬老名士，也爱护少年郎。

镇洋（今太仓）汪璿参加院试时，所写的文章得到张廷璐的赏识，张将他录取入学，并说：“这个人将来的名声、位置，决不在我之下。”于是，就为他改名，将“璿”改为“玙”，还在“玙”字前加了一个“廷”字，这是将汪秀才引为兄弟行了，因为张学使弟兄六人，均以“廷”字排行。这被张廷璐改名为汪廷玙的秀才，后来果然大有出息，乾隆十三年（1748）殿试第三名进士（探花），官至工部侍郎。

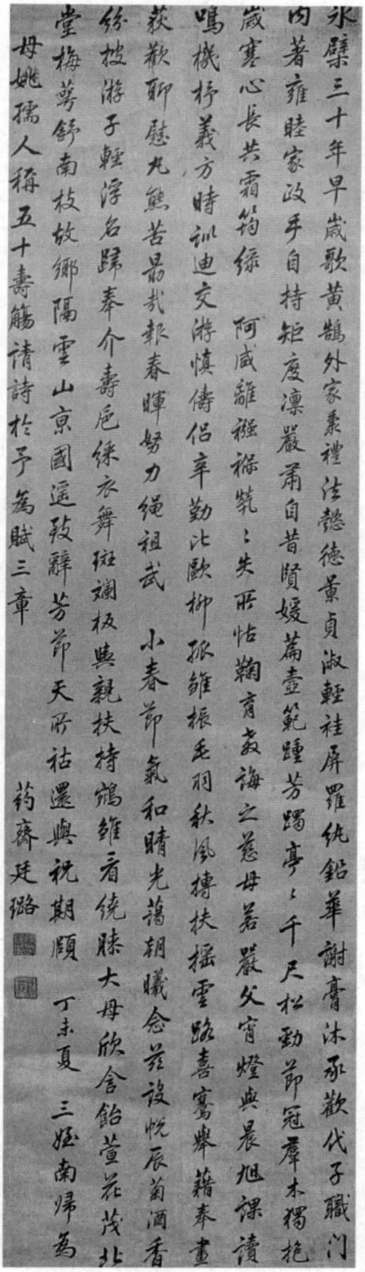

在张廷璐之前，也有江苏学政为太仓生员改名的举措。张之前任邓钟岳（康熙六十年状元）考试太仓州生员时，有叫张揆叙的，请求邓学使为他改名。因有个叫揆叙的满洲官员（词人纳兰性德的弟弟），生前遭雍正帝忌恨，死后也不放过，御书“不忠不孝揆叙之墓”八字，刻石立于揆叙墓前。而与之同名的太仓张揆叙害怕祸从天降，而自己又不能随便妄改学校名册，故有此请求。邓钟岳听后二话没说，挥笔抹去“揆”字，就成了“张叙”。

邓、张两位学使都先后为太仓秀才改名，而原因有不同。邓是应张秀才为避祸之请而改；而张则是识人爱才而主动为汪秀才改名。所以后人称赞张廷璐“有相士之特识，兼有爱士之虚衷”。

张廷璐手迹

学籍风波

张廷璐视学江苏九年，待读书人十分宽厚，“未尝轻辱一士人”。不过，张廷璐也有雷霆万钧、生气动怒的时候。雍正初，苏州府之太仓州、淮安府之海州（今连云港）、扬州府之通州（今南通）都升格为直隶州。通州没有考棚，考生每逢院考，一定要赶赴扬州，路途遥远，不堪劳累。现升为直隶州，便呈请学政在通州分设考棚，利用原来的巡按行台旧址，再加以扩充，新建考棚。

当时有位安徽歙县人孙仲圭，刚刚著籍通州（户籍、学籍落在通州），为此捐出巨资。乾隆二年（1737），张廷璐第一次来到通州主持院试，刚刚谒拜孔庙出来，就有两位通州秀才抱着棂星门，哭诉道：“通州的学籍被外人占去，吾辈没有地方读书了。”张廷璐厉声斥责道：“孙氏除歙县籍、入通州籍，已经由礼部下达批文允准。这圣庙之棂星门外，天子尚不敢随便说话，你们竟敢在此哭泣泄愤，大不敬。”张廷璐接着又摆出道理训斥道：“如今，应院试者不必如过去那样远赴扬州，省去多少盘缠，所以考试的人员数倍于前，这是孙氏有大恩惠于你们通州，你们还算是读书人，竟连这点道理都不懂，愚昧到如此程度。”随即命令提调官（具体负责考试事务的地方官员）按法处治。如今，两三百年过去，这户籍、学籍的问题似乎还是个问题，真是古今同慨。

两付房价

张廷璐的家乡桐城至今还流传“六尺巷”的故事，故事讲的是，当张英家人在桐城故居，因与邻里发生墙基争地事，写信告诉在京师的张宰相时，张英却回诗一首：“一纸书来只为墙，让他三尺又何妨？长城万里今犹在，不见当年秦始皇。”这故事称赞张英能仁爱待人，和睦邻里。可是，张英的儿子张廷璐买宅双倍付款的事，却很少

安徽桐城张氏故里

有人提及。

姚永朴在《旧闻随笔》中记载，张廷璐买了一座宅子，已经付了款。结果卖屋主人后来说谎抵赖，称没有收到房款，以前在卖房契约上所画之押，是张家仗势欺人，强迫他画的，还说要与张廷璐打官司。张廷璐闻听，感叹道："我的道德品行，竟然被人不相信到如此程度？"就按原价再付一次房款，但这次小心了一点，除签订契约外，还叫卖主另写了一张收条。姚永朴也是桐城人，他说，经过此事后，家乡凡是田地、房宅的买卖，于所订契约外，都要另写足价收条。

江阴留痕

张廷璐与江阴渊源甚深，年轻时，如不是江阴人汤大辂的慧眼识才，也许张廷璐又是另一番人生。汤大辂，字乘素，康熙五十一年（1712）壬辰科进士，翰林院编修。康熙五十七年（1718）年，张廷璐参加会试，汤大辂是该年会试的房考官。汤大辂将自己房内的优秀卷子荐举给主考官，被主考录取进士二十二人，而竟有一半入翰林院，其中就有张廷璐，当时传为佳话。所以，汤大辂与张廷璐有师生之谊。

张廷璐在江阴的最后一年，即乾隆三年（1738），为江阴文庙留下了一篇文章，即《重建明伦堂记》。他在文章中说，江阴，本是延陵季子生活过的地方，从古至今便是礼让之邦。又说，因是督学使者驻节之地，所以江阴的文庙以及学校也要比其他地方来得扩大。但时间久了，则多倾圮，虽小小修理，也难以恢复旧貌。雍正四年（1726），曾有杨文定公（杨名时）捐银千两，大整修文庙殿廷，具体负责此项工作的是当时的县令祁文瀚，但后来明伦堂未暇顾及。张又说，“岁庚戌（雍正八年，1730），余奉命视学，率诸生谒庙毕，升明伦堂，左右环顾”，看到的是一片衰败景象，“榱题就朽，墙宇半颓”。又过了几年，直到蔡澍来任江阴县令，说道：“及今不治，后难图也。”于是，招集邑之缙绅，动议修整明伦堂，蔡澍捐俸首倡，邑人莫不踊跃，历时半年就完成了工程。等到张廷璐再次回来，谒拜孔庙时，所见“朽者新，颓者整”，一片“金碧辉煌”的景象了。张廷璐在文中赞扬蔡澍为贤县令，称“夫数十年之补苴而未逮者，惟贤令之一倡，而人争鼓舞以从之，何其神以速也”。张廷璐此文，是一份可贵的江阴古代文化教育的史料。张廷璐在江阴奉职九载，经他一人之手，录取入学成为秀才的也最多。江阴士子对他的思念，并不因为时间的流逝而逐渐忘怀，所谓“教思所及，历久弗谖”。乾隆年间，邑人蔡寅斗、高文栋等在江阴城内广福禅寺的西边，建立一个“桐山书院”，纪念张廷璐培育士子的功绩。书院取名“桐山”，因张廷璐是桐城人。

江阴中山公园江苏学政衙署遗址
张廷璐铜像（沈俊鸿摄）

江阴地方志也有张廷璐事迹的记载，光绪《江阴县志》称张廷璐“接物以和，持己以介（耿介）。高才硕德，海内宗仰。莅任九载，多士（读书人）向方（趋向方正），而被泽者斌斌如也”。

功名事业一身兼的庄有恭

赵 统

庄有恭（1713—1767），字容可，号滋圃，广东番禺（今广州）人。乾隆四年（1739）状元，授翰林院修撰。乾隆十三年（1748）、十五年（1750），两督江苏学政。先后官兵部、户部侍郎，刑部尚书，协办大学士。外授江苏巡抚，署两江总督，江南河道总督，湖北、浙江、福建巡抚，死于福建巡抚任上。

出身低微的神童

庄有恭

庄有恭，先世为福建晋江望族。至其父宦游广东，才迁居番禺。庄有恭并非出身于官宦世家，他的父亲做过“长随”（官衙的仆役），其身份充其量也就是皂吏，而非官员。清末民初著名词家况周颐，在《餐樱庑随笔》中记载，他曾于金陵某古董摊，买到过一写本《长随论》，序言称为国朝庄有恭先生所作，并说庄未中状元时，父为苏州府司阍（门房）。庄有恭及第后，苏州知府当然不敢再加任用，婉言谢绝，但庄父仍然不肯辞职。直到庄有恭督学江苏时，庄父才由苏州知府亲自护送至江阴使署，做起了老太爷。况周颐认为，此书对于当时的州县衙门公事程式，记载很详细，“凡所叙述，皆得之半生阅历，耳闻目见，信而有征”。可见作者不是庄有恭，而是庄有恭的父亲。不过，按照清朝的制度，“长随”的儿子，是不允许参加科举考试的，而庄有恭不但参加了，竟还考上了状元。

庄有恭书联

庄有恭小时候读书，聪颖异常，有神童的美誉，据说，小小年纪就能对上二三十字的长联。庄家邻近广州将军衙署，有天，庄有恭放风筝，线断了，掉落到隔壁将军衙署的内宅。庄有恭人小胆大，闯入内宅，仆人看他年幼，没有刻意阻拦。当时将军正在与客人下象棋，见这个小孩子精神骨格非同凡俗，就突然发问：“童子从哪儿来？”庄有恭不慌不忙，据实相告。将军问庄：“读书了没有？开始对对子了没有？”庄有恭不屑道：“作对子，小事一桩，有什么难的？”将军又问：“能对多少字的对联？”庄有恭答道：“一个字可以，一百字也可以。”将军认为这小子在说大话，就考他一考，指着大厅上所张挂的画幅，自己先出了个上联：“旧画一 堂：龙不吟，虎不啸，花不闻香，鸟不叫；见此小子，可笑可笑。”庄有恭四周打量了一下，说道：“就你们这里所下的一局棋，随便作个对吧。”即答下联：“残棋半局：车无轮，马无鞍，炮无烟火，卒无粮；喝声将军，提防提防。”画固无声，棋亦无语，倒是这童子在呼风唤雨。

科场趣话

庄有恭于乾隆四年中一甲一名进士（状元），授翰林院修撰，入直上书房，教授诸皇子读书，是年二十七岁。庄有恭弟兄七人，三年后，其弟庄有信也考中进士，被皇帝引见。时庄有恭以日讲起居注官随侍在乾隆旁边，乾隆问起，知道是弟兄俩，便立即选庄有信为庶吉士。该年冬天，兄弟俩同请假告归省亲，海内传为盛事。

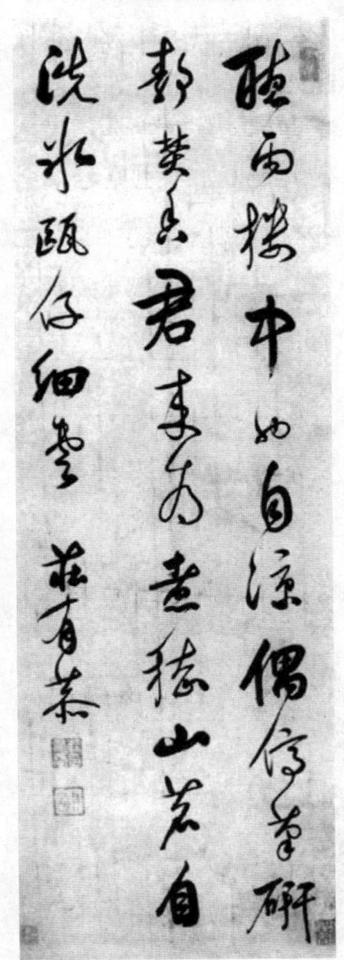

庄有恭行书条幅

还朝，逐渐升迁至侍讲学士。乾隆九年（1744），拔擢为光禄寺卿。遭父丧回乡守制，在服丧期间，即家中拜内阁学士。期满入京，升兵部右侍郎。

乾隆十三年（1748）闰七月，提督江苏学政，接替因病死于松江试院的前任学政尹会一。转户部右侍郎。一年多后，庄有恭于十五年（1750）正月即被召回京，供职户部，江苏学政由崔纪接任。该年六月，庄有恭出为江南乡试正考官。八月，庄正在闱中主持乡试，崔纪死于学政任上，于是，庄有恭奉命再督江苏学政。仅隔数月，“前度刘郎又重来”。

庄有恭按试各府州生、童，场规严肃，整日在堂上监视，不敢稍有松懈。但也有人不太佩服庄学使，据说，庄有恭某次读“孔子观射于矍相之圃”（语出《礼记》），将“矍”字读成了“瞿”字。本来，读书人偶尔读一个白字，也在所难免，但庄有恭是状元，怎么能念白字呢？于是有人就讥讽他“不甚通文理”，还给了他一个“瞿圃状元”的徽号。于是，在考场中，就有考生想法子戏弄一下这位“瞿圃状元”。有一童生假装肚子痛，就在号舍与厕所之间，来来回回好几次。庄有恭见了，忍不住大声呵斥，这位童生高声回答“童生不能无恭装有恭”（苏南人称上厕所大便为出恭），直呼庄学使的大名“有恭”，庄学使也无可奈何，总不能无故禁止考生出恭吧，只能默不出声，假装没听见而已。这种科场趣话流传下来，后人也莫辨其真伪。

乾隆十六年（1751），皇帝再次南巡，江、浙两省士子纷纷献赋进诗，嘉定生员钱大昕也呈赋一篇，深得庄有恭赏识，选为一等。乾隆后在江宁招试被学政推荐的优秀生员，钱大昕“拟定一等二名，特赐举人，授内阁中书学习行走”。钱大昕没有经过乡试，而钦赐举人，且立即授职内阁中书，虽说还要“学习行走”（如今之见习），但已算是踏入官场。所以，庄有恭的知遇之恩，钱大昕没齿难忘。

整修江南水利

庄有恭第二次任江苏学政的时间更短，乾隆十六年即授江苏巡抚，历时六年。期间，在十七年（1752）曾短期署理两江总督。有诏擢江南河道总督，因母亲去世，未赴任。后短暂出任湖北巡抚，调浙江巡抚，在浙四年。又调回江苏，加太子少保。乾隆二十九年（1764）升刑部尚书，三十年（1765），命协办大学士，仍留苏州，办江苏巡抚事。

广州善元庄公祠内的庄有恭画像

庄有恭以文学侍从之臣，得到乾隆的宠信，外任封疆大吏十多年，尤以江、浙地区特别是江苏所待时间最长。庄有恭勤政清廉，白天接见僚属，夜晚整理文书，往往不到半夜不休息。

庄有恭在浙江督修海塘，采用前人的方法，先编成竹篓，在竹篓中放置大石，然后将它们沉放到水中，鳞次栉比，护卫海塘。大石经受住了钱塘海潮的冲击，保浙东北沿海一带百姓的平安。

庄有恭主政江苏差不多十年时间，他曾在上奏乾隆的奏疏中说："东南财赋重地，水利民生大计。若及早治之，事半而功实倍。"又说"太湖北受荆溪（今宜兴）百渎，南受天目诸山之水，为吴中巨浸，而分疏之大干，以三江为要。三江者，吴淞江、娄江、东江也。"地处太湖流域的苏州、松江、常州以及浙江的嘉兴、湖州五府所出赋税，当时占全国一半以上，所以疏中称"东南财赋重地"。

太湖水利关系国计民生，而要治理太湖，必先要疏通三江。因此，庄有恭督率下属疏浚三江，先疏通桥、港，再开浚河道本身，终于使太湖水道通畅，减少水灾的发生。

伴君如伴虎

俗话说，伴君如伴虎。即便是得到皇帝宠信的大臣，稍一不慎，招致皇帝不开心，便立刻大祸降临。庄有恭自中状元后，不到十年，即入九卿之列，升迁六部侍郎。东南重地托付于庄，十有余年。最后入朝廷，领尚书，参大政，官拜协办大学士。庄之升迁，都不经过大臣推荐，而由皇帝亲

庄有恭之墓

自识拔，可谓宠信无双。然而，庄有恭亦屡受惩处。庄有恭最早所受处分是因“丁文彬逆词案”。

庄有恭督学江苏时，曾于乾隆十四年（1749）春，按试松江。一日出行，忽有一个浙江人丁文彬，衣服褴褛，龌龊不堪，跪在道旁，拦下庄学使的轿子，献上自己所著的《文武记》《太公望传》等书。庄有恭翻阅了一下，见这些书垢污满纸，内容又荒诞不经，又见书中屡有“丁子曰”三字，当即认定此献书者，犯有“心疾”，是个疯子。于是，庄就随手将书丢在一旁，再也没有去翻过一页。事过境迁，连书名和献书者名字也全都忘记了。不想五年后东窗事发，此时庄有恭已在江苏巡抚任上。那个丁文彬大概想出名想昏了头，又将所著之书上呈山东孔府的衍圣公孔昭焕阅看。孔昭焕是个讲政治的孔圣后裔，立即呈诉山东巡抚，于是牵连到庄有恭。丁氏后被凌迟处死，而庄有恭总算恩眷未替，逃过一死，给他的处分是，在学政任内所得俸禄、养廉数目加罚十倍，即六万两白银。

这“丁文彬逆词案”是庄有恭得到的最早也是最轻的处分，有几次还被拟“罪应绞”“罪应斩”，差点掉了脑袋。

乾隆三十年（1765）十月，庄有恭离开前后待了十年的江苏，回京供职。三十一年（1766）二月，因前江苏巡抚任内事，下刑部狱，上谕“斩监候”，秋后处决。在牢狱中魂飞胆褫地待了半年，八月下旨，免处分，并授福建巡抚。乾隆三十二年（1767）七月，刚从鬼门关上回来还不到一年时间，便逝世于福州官署，享年五十有四。死后，皇恩浩荡，免除追缴学政任内应罚的六万两银子。

庄有恭死后九年，才归葬于家乡番禺。著名学者钱大昕时任广东学政，即为老师作墓志铭，末称：“科名事功相后先，惟公兼之在一身。崇冈郁郁宰木繁，千秋万岁名不湮。”

清正廉洁的大学士刘墉

刘墉

刘墉（1720—1805），字崇如，号石庵，山东诸城人。乾隆十六年（1751）中进士，历任翰林院庶吉士、安徽学政、太原府知府、江宁府知府、湖南巡抚、内阁学士、体仁阁大学士等职，期间曾两度提督江苏学政。他的书法造诣深厚，是帖学之集大成者，被誉为清代四大书法家之一。

1996年，随着电视连续剧《宰相刘罗锅》的热播，剧中的刘墉以其智慧、正直、幽默的形象，给人们留下了深刻印象。虽说电视剧中的一些情节，经编导添加了民间传说材料艺术加工而成，并非完全真实，但历史上的刘墉同样为人正直，清正廉洁，以至被比之于包拯，深受百姓称颂。

视学江苏　两驻江阴

刘墉出身于山东诸城望族，祖父刘棨、父亲刘统勋均获清官之美誉。这个家族因出了刘棨、刘统勋、刘墉祖孙三代名臣而门庭显赫，康熙、乾隆两代皇帝曾先后为刘家祠堂御题“清爱堂”堂号，故而号称“天下第一家”。

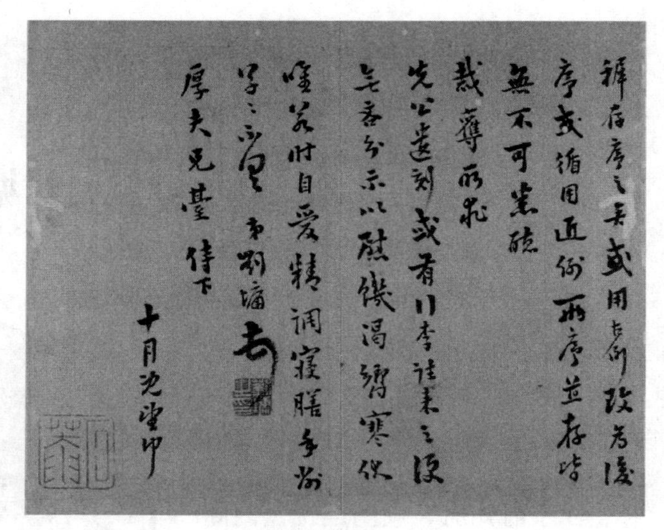
刘墉书法

刘墉中进士五年后，以翰林院编修出任安徽学政。乾隆二十四年（1759），调任江苏学政，来到江阴。任职期间，勇于革除考试中的各种弊病。为了在选拔人才过程中做到公平公正，他到各地按试相当认真，把关严格，不仅事先检查考生和考棚位置的安排情况，而且要求严格检查考生随身所带的食盒、文具和衣物等，以防夹带，并在考试现场来回巡视，以致一些作弊者不敢入场应试。难怪清人诸联《明斋小识》中写道："昔日刘石庵相国视学江苏，严肃骏厉，人多畏惮。"

乾隆二十七年（1762）秋，刘墉任期届满。临离开江阴时，他针对江苏吏治士风的腐败状况，上奏朝廷要求加以整顿，算是对他几年来观风察俗的一个总结，其中特别提到了对监生的管理问题。他指出，监生中有蛮横者，胆大妄为，喜欢滋事，府州县官多所顾忌，并不加惩处。对于涉及监生的案子，既不能及时审断，又不想明定是非。对于确定罪责之后应该问责革退的监生，并不落实，实属疲玩不堪，讼棍奸吏因此得以行其奸谋，不只是他们目中已无法纪，甚至有心欺诈督抚。

刘墉此疏深切当时江南官场之积弊，因而受到乾隆帝的高度重视，他随即下达一项谕令，称赞"刘墉所奏，切中该省吏治恶习"，要求官员们"严行体察，据实参奏"。由于督抚亲自过问，江南吏治、民风、士风颇有好转。

乾隆四十二年（1777），在阔别江阴十五年之后，刘墉以内阁学士再度担任江苏学政。诸联在《明斋小识》中称他的风格显得“宽厚平和”，对诸生的考校已不如第一任严格。

关爱民生　政绩斐然

刘墉先后担任过太原知府、江宁知府、湖南巡抚等职，他在各地均取得较好的政绩。

在太原，他充实地方仓储，并积极处理积压案件，前后达数十件，受到人们的肯定。光绪《山西通志》评价他“以翰林出为太原知府，迁冀宁道，丰裁峻整，习掌故，达政体，于吏事以勤慎著称”；在江宁，由于他正气凛然，执法如山，智破疑案，勇除恶霸，被当地百姓称为“刘青天”，当他离开江宁时，出现了万人相送的感人场面；在湖南，他盘查仓库，勘修城垣，革除坐省家人陋习，筹办仓谷，开采峒硝等等，光绪《湖南通志》赞扬他所行诸事“民以为便”。

大学士刘墉朝服像

自从乾隆四十七年（1782）初调入京师后，刘墉历任都察院左都御史、工部尚书、协办大学士兼吏部尚书等要职，直至内阁大学士，成为民间所说的宰相。

刘墉每到一地任职，无不以国计民生为要务。有一天在吃早饭时，同僚中有人追忆起唐宋时宰相吃堂餐的故事，刘墉即席吟道：“但使下民无殿屎，何妨宰相有堂餐？”大意是：如果天下老百姓不唉声叹气，当宰相的就是整天吃便餐也不错。吃着早饭，能想起老百姓，做官做到这个境界，也算得上难能可贵了。

在电视剧《宰相刘罗锅》中，有不少刘墉调侃、智斗和珅的情节，而历史上刘墉与和珅的关系，并不像剧中那样充满戏剧性。实际上在两人同朝共事的二十余年间，和珅的职务地位始终高于刘墉。因而，除了在和珅刚开始得势，实权尚有限时，刘墉曾排除其庇护干扰，查办过和珅党羽国泰、于易简等案件，沉重打击了和珅势力。此后，和珅大权在握，一手遮天，刘墉便无法与之对抗。但是，他却是朝中少数几个不受其拉拢、不同其结党、不与其同流合污的耿直大臣之一。

无华之臣　清廉楷模

刘墉一生廉洁自律，生活俭朴，在当时朝中官员们贪污腐化成风的大背景下，他却能保持乃祖乃父清廉朴素、洁身自好的家风，堪称无华之臣，廉洁奉公之楷模。道光《诸城县志》称他“砥厉风节，正身率属，自为学政、知府时，即谢绝馈贿，一介不取”。

在日常生活中，刘墉粗茶淡饭，即使当了高官依然如此，平生最喜欢吃的零食，不过是来自山东老家的大枣和核桃。从他写下的“帽破衣残到太原，故人犹作旧时看”“荒村过客将求火，小店招商未掩门”的诗句看，当年他前往太原赴任时，不像其他官员上任前

刘墉七十四岁时书法

要大换行头，而是一身破衣破帽，沿途也没有去骚扰驿站，而是自己找个小旅馆住下。当乾隆御笔亲点，任命他为金陵江宁知府时，他只带了一名随从，雇了两个毛驴，便从京城出发，以致到了江宁接官亭，遭到正在等候的官员、衙役的吆喝和驱赶。

刘墉曾经在一封家信中谈到他京中房屋的修缮问题，他说只能花一千两修理南院，北院只消二三百两，“然暂缓之，力不足也”。当时，那班显赫的官僚们，哪个不是动辄数十万，而刘墉身为贵极人臣的大学士，竟然一时间负担不了千余两的开支，其居官之清廉可想而知。

忠介耿直的刘墉多才多艺，他曾就自己的才艺评价说：“吾生平有三艺，题跋为上，诗次之，字又次之。”实际上，他的文章、诗词、书法均为上乘。比较而言，刘墉的书法最为有名，在社会上的影响特别大。然而，他平时却不轻易以书字相酬，甚至对至亲好友，也同样如此。直到晚年，因众多亲族中需要接济的人不少，而他自己又为官清廉，拿不出多少钱，于是专门写下一些字，寄给兄弟们，让他们卖字作零用。

不事铺张　悄然离澄

山东诸城刘氏同江阴的缘分源远流长，早在康熙年间，刘墉的伯祖刘果督学江南，驻节江阴一年半；乾隆年间，刘墉两次担任江苏学政驻江阴，前后任职八年；嘉庆年间，刘墉的侄子刘镮之也曾两任江苏学政。

刘墉的继母缪太夫人曾经两次随刘墉到江阴。嘉庆九年（1804），刘镮之出任江苏学政，她又随同孙儿第三次来到江阴，并在学政节署二堂后建“三到楼”一幢。这年七月，缪太夫人九十大寿，嘉庆帝特派刘墉随带赏赐物品，前往江阴祝寿。当时，许多官员争相送上礼金礼品，除了寿联外，刘墉一律拒收。经过济南时，正好老家诸城县令因公事也在那里，请求刘墉接见，刘墉与他见了面。谈话中，刘墉讲到自己久居京城，远离家乡，倘若族人中有倚藉其声势为非作歹者，务请县令禀公严惩，切勿因自己的关系而偏袒。

在江阴的祝寿活动结束后，刘墉和随行家人早早起身，从侧门离衙返京，既没有告诉侄子刘镮之，更没有惊动当地官员。当刘镮之闻讯追到江边时，刘墉对他说：虽是奉皇上命令而来，毕竟还是我们刘家的私事，现在寿庆已毕，我理当立刻返京，不该久留。

江阴中山公园江苏学政衙署遗址刘墉（左）铜像（沈俊鸿摄）

刘镮之又以天气不好、江中风浪大相挽留，刘墉大笑道：你是读书人，见过长江里淹死过几个宰相？说罢，令刘镮之回衙致谢客人，并嘱咐说：刘家世受国恩，今皇恩又隆大如此，我老啦，无以图报，你居官应当刻刻勿忘。刘墉的最后一次江阴之行就这样悄然而终。

当年十二月，临近春节，八十五岁高龄的刘墉在家中寿终正寝。嘉庆帝在谕令中称赞他“克承家世，清介持躬”，并下令入祀贤良祠，谥号“文清”。

在刘墉去世一百六十多年后的“文革”浩劫中，一些不法之徒掘开了他的墓，满以为可以挖到一些金银财宝，没想到里面仅有砚数方，笔数支。此事传开后，人们更加信服这位曾经贵为宰相的刘墉为官之清廉。

为民请命的学台景福

景福（？—1783），字仰亭，号介之，满洲镶白旗人。乾隆十七年（1752）进士，改庶吉士。二十七年（1762）任詹事府詹事，提督山西学政。三十三年（1768）充顺天乡试副考官，当年以都察院左副都御史任江苏学政。四十年（1775）任兵部右侍郎。四十三年（1778）起任职新疆，四十六年（1781）九月，召回京。

满族进士　八旗诗人

景福

出身于满洲镶白旗的景福，乾隆十七年考中进士，改庶吉士。这庶吉士由通过科举考试中进士的人当中选择有潜质者担任，能成为庶吉士的都有机会平步青云。庶吉士一般为期三年，期间由翰林内经验丰富者为教习，授以各种知识。

景福在三年学习期满后，经考核，被保列一等，从此正式进入仕途。六年后升职为詹事府詹事，当年提督山西学政，此时，他已经是一位正三品的官员了。

学政是主持一省科举与学校事务的最高长官，清朝统治者十分重视学政衡文之职，要求出任一省学政的官员必须是进士出身。而满洲人靠马背得天下，建立了大清王朝，那些突起于白山黑水间的八旗子弟大多重武轻文，善于骑射，能够静下心来钻研中原汉文化的是少数，所以满人中进士出身者与汉族人相比少得多。景福便是这少数的满族进士之一，他有着颇为扎实的中原汉文化功底，喜欢像汉族文人那样吟诵赋诗。

成书于清嘉庆年间的《熙朝雅颂集》，收入了自清初直至嘉庆初一百五十多年间五百三十四位八旗诗人的诗作共六千余首，是当时最为完备的八旗诗歌总集，其中收入了景福的两首诗作，一首是《公平道中》：

乱山遥望白云深，几处松篁宿雨侵。
树到炎方花异色，客来蛮图语殊音。
香风兰叶堪为佩，秋露荷裳自可纴。
楚北荆南恣眺览，壮游不减古人心。

另一首是《口号》：

西风客舍不胜情，宵柝微闻晓梦惊。
驿路荒凉人迹少，满山秋雨画眉声。

从这两首诗作看，景福的诗还是有一定意境的。景福作为一个满族人，跻身于八旗文职官员中，在山西学政任职的三年间，凭借汉文化功底，为他后来担任文教大省江苏的学政打下了基础。

抵澄伊始　平息风波

乾隆三十三年（1768），景福作为副考官，在完成了顺天乡试的任务之后，以都察院左副都御史之职被任命为江苏学政。当年秋，他抵达江阴，刚刚在孔庙拜谒完至圣先师，下属向他报告，县衙大堂发生了大事情，被老百姓围得水泄不通。

原来，这一年江阴大旱，西乡尤其严重，多数农田未能栽上秧，一些低洼田勉强栽下去的秧，也给烈日烤得枯萎了。乡民们自发组织起来，点香燃烛，叩拜上苍，祈求降雨。即将离任的江苏学政曹秀先也多次参与祷雨活动，然而，老天爷依然无动于衷。眼看田里颗粒无收，官府却照旧像往年一样，贴出榜文征税。

西乡灾民难以为生，只得向知县衙门报荒请赈，不料遭到知县赵秉钟的拒绝。第二天，走投无路的灾民再次到县衙吁请赈灾，为了让县老爷了解干旱的实情，他们一个个将田里拔起来的枯苗，丢在大堂前面的庭院中，顷刻间堆得像座小山似的。知县赵秉钟见了勃然大怒，竟然下令衙役责打请赈灾民。忍无可忍的西乡农民聚集于县衙大堂，群起而哄之，要向知县大人讨个说法。大堂上人声鼎沸，群情激愤，一时间，现场局面处于失控状态。

景　福字介之滿洲人乾隆壬申進士三十三年以都察院副都御史任江蘇學使是年秋邑大旱有司不以上聞徵稅如故西鄉民相率鬨縣堂人挾槁苗一束委棄庭中頃刻山積閽者以大言嚇之幾至激變福甫下車謁廟畢聞報單騎往諭并揭榜慰安之民羅拜馬前立解散翼日巡撫至欲大創之逮捕四出囹圄至不能容福以民饑飛章先入告僅誅首事者數人餘悉宥閭閻賴以安感德者久而不忘道光十一年立祠祀之

清道光《江阴县志》载《景福传》

景福闻听此事，感到十分为难，因为身为学政只负责督学，不便干预地方政务，但面对百姓有难，岂能袖手旁观？他立即单骑赶到县衙。在深入了解了事情原委之后，景福十分同情灾民，为了化解矛盾，安抚民众，他毅然当众揭下县府的征税榜文，并当场答应向上方报请赈灾，在他诚恳劝说之下，堂上灾民这才陆续散去。

知县赵秉钟对于景福为他解围不但不感激，反而恼羞成怒。因学政的官阶高于知县，赵秉钟对景福的举动无可奈何，于是把心中的恼怒一股脑儿归结到灾民头上，他竟然要向江苏巡抚彰保诳报江阴发生民变，请求派兵前来江阴痛剿。景福不赞成赵秉钟如此对待灾民，对他的举措再三予以制止，指出这样下去，只会进一步激化矛盾，局面将更为复杂，势必一发而不可收。然而，赵秉钟一意孤行，对景福的好言相劝置之不理。

第二天，江苏巡抚彰保带了一批兵丁赶到江阴，大肆逮捕参与抗争的灾民，监狱里一下子人满为患。景福不赞成这样兴师动众，伤及无辜，但巡抚一意孤行，景福再三与他商量，仍无济于事。

飞章报京　为民请命

景福是一位明辨是非、敢担风险、勇于为民请命的官员。当天回到学政衙署后，他的心里极不平静。他想，国以民为本，眼下，江阴遭遇如此严重的旱灾，作为地方官员，理应向上级请求赈济，抚慰灾民，安定民心，而知县和巡抚，却反其道而行之，竟然将灾民视作土匪，动用军队镇压，如若不能及时制止，必将枉杀无辜，生灵涂炭，

江阴中山公园江苏学政衙署遗址景福飞章报京雕塑（沈俊鸿摄）

乾隆三十三年秋旱成災西鄉農人相率鬨縣堂學使景
福甫下車撫慰饑民衆卽解散越日巡撫彰保統兵至
欲痛勦之景與議不合集書差問有能七日賫摺至京
者衆推杜元裕徐大本卽發銀百兩令速辦裝二更上
道果六日零十時抵都摺旣上而彰保摺始至以民亂
聞景則以民饑告先是學使爲曹秀先
上召問秀先具以災對蓋秋旱時秀先曾兩次祈禱卒無雨
故也遂定讞置首事民沈天盐吉爾法等於法餘悉宥

清道光《江阴县志》
载景福飞张报京事迹

导致民怨沸腾，地方混乱。当务之急，只有赶在江苏巡抚彰保的靖剿奏折送达京城之前，让皇上了解实情，才能化解灾祸，扭转局势。要是皇上先收到彰保的奏折，那就可能先入为主，事情就要多费周折，恐怕悲剧就难以挽回了。

于是，景福立即写就一份奏折，向乾隆帝禀报江阴灾情，并请求赈济。当下，他把胥役召集起来，询问有谁能在七日之内将奏折送达京中。差役杜元裕、徐大本挺身而出，当场表示愿意担当此重任。江阴距京城路途遥远，两人领了盘费，第二天二更天出发，一路上策马扬鞭，风餐露宿，日夜兼程，终于不负众望，在第六天赶到了北京城，比江苏巡抚的奏折整整早到了两天。面对景福和彰保一先一后两份奏折，一个说是民饥，一个说是民乱；一个要求赈济，一个要求痛剿，乾隆帝寻思：究竟孰是孰非呢？ 其时，正好前任江苏学政曹秀先已经由江阴到达京城复命，乾隆便直接向他了解江阴的实际情况。曹秀先将灾区久旱无雨、农民颗粒无收的惨状一一禀告了皇上。乾隆帝立即下诏，令江苏巡抚彰保前往江阴放赈，同时将起事哄堂为首的一二人关起来，其他参与哄吵的灾民则不再追究，一场巨祸终于得以化解。

事后，杜元裕、徐大本两名承差因长途奔波，劳损过度，不久即相继病故。据史料记载，乡民们感恩之余，“设位于舍人厅，春秋两季祭祀”。

驻疆三年　位高权重

乾隆四十年（1775），景福在江苏学政任满离开江阴仅仅四年，便升职为从二品的兵部右侍郎。

那时候，清王朝已平定大小叛乱，统一了新疆。为了巩固新疆的局面，朝廷设置了以伊犁将军为首的军府体制管理天山南北，在南疆喀什噶尔、叶尔羌、库车、阿克苏等八城则分设办事大臣。乾隆有意识地把他认为可堪培养的官员派往新疆，“令伊等在边疆学习，以便回京另行简用。伊等果能于地方情形随事尽心办理，朕必加恩特擢”。

乾隆四十三年，作为皇上值得信赖的满族大臣，景福被派驻新疆，先赴叶尔羌协同办事，当年即提拔为阿克苏办事大臣。

当时，清朝对新疆的管理实际上非常倚重于办事大臣，这些办事大臣以省级官员的身份，统辖一城一地，掌理本地区军政大事，并直接受皇帝指令，位高权重，且权力相对独立，各自为政。

在阿克苏任职一年多，景福于乾隆四十五年（1780）二月，调任库车办事大臣。是年十一月，又调往更为重要的曾经是清政府“总理南八城事宜”的参赞大臣驻地喀什噶尔，担任办事大臣。

驻疆三年之后，景福于四十六年（1781）九月，召回京。不料两年后即与世长辞。

景福去世后，江阴人民对他十分怀念。道光十一年（1831），特地在学政衙署东辕门外“八邑童生静候点名处”（今中山公园内）后面建造了一座景公祠，并以杜元裕、徐大本二位承差祔祀，年年祭祀，以表示不忘他们的恩德。

2002年，江阴中山公园改造、扩建后，新增学政人物青铜雕像群，其中有一组三位人物两匹马的群雕，便是反映学台景福送别杜元裕、徐大本二承差飞章报京、为民请命的情景。

儒臣帝师谢东墅

赵　统

谢墉

谢墉（1718—1795），字昆城，号金圃，又号东墅，浙江嘉善枫泾镇（今属上海金山）人。乾隆十七年（1752）进士。当谢墉以翰林在上书房教读诸皇子时，后来的嘉庆帝当时也是他的学生。谢墉屡掌文衡，慧眼识人，钱棨、潘世恩两位状元均曾出自他的门下。谢墉先后两任江苏学政，以经术倡导后进，影响一代学风，汪中、阮元等一流学者都由其识拔。谢墉官至吏部侍郎。

谢墉，时人称之东墅先生，家住浙江嘉善枫泾镇，该镇在明、清两代便南北分治，以流经镇中的一条河为界，河北属江苏松江府，河南属浙江嘉兴府。谢墉家在河南，算是浙江人，但距江苏仅咫尺之遥。20世纪50年代初，枫泾全镇通属江苏松江；20世纪60年代，划归上海金山县。所以，20世纪50年代，谢墉算是江苏人；如今，算是上海人。

屡掌文衡　鉴别精核

乾隆十六年（1751），对浙江秀才谢墉来说，是个幸运的年

谢墉扇面画《柳阴路曲》

份。该年乾隆第一次下江南，谢墉以优贡生被皇帝召试，得第一名，钦赐举人，即授内阁中书。明年，中进士，改庶吉士。乾隆十九年（1754），散馆，授翰林院编修，命在上书房行走，教授诸皇子读书，其中有一位皇子，就是后来登上大位的嘉庆帝。至乾隆三十二年（1767），谢墉经数次升迁，官内阁学士。

乾隆三十八年（1773），授工部侍郎。三十九年（1774）提督江苏学政。四十二年（1777）十月，任满回京。四十八年（1783）以吏部左侍郎再督江苏学政，至五十一年（1786）离任。谢墉在江苏前后督学共六年。

谢墉是儒臣，官至侍郎（二品官），但一生未曾参与实际的行政工作，始终周旋于文化学术、科举考试的圈子内。谢墉“九掌文衡”，先后一充会试同考官（会试时分房阅卷的考官），三任殿试读卷官（殿试是皇帝主持，故名义上阅卷者是皇帝，实际阅卷官则称读卷官），一任会试正总裁，二任会试知贡举（仅管考场事务，阅卷取士乃总裁之责）。期间，任四库全书馆总阅，国史馆副总裁，经筵讲官（为皇帝讲解经义的侍从官）。又外差福建乡试正考官，先后二任江南乡试正考官，二任江苏学政。

谢墉一生甄别拔擢名士无数。长洲钱棨（1734—1799），连中三元，完全得益于谢墉的慧眼识人：乾隆四十四年（1779）秋江南乡试第一名（解元），时谢墉为乡试正主考；明年会试第一名（会元），谢墉为会试知贡举；接着，殿试第一名（状元），谢墉时兼殿试读卷官。

谢墉印章

吴县潘世恩（1769—1854），是乾隆五十八年（1793）状元。潘晚年饮水思源，回忆谢墉对他早年的提携，说道："我于甲辰（1784）岁试入学成秀才，乙巳（1785）科试补廪生，都在嘉善谢金圃先生督学江苏任内（第二任）。"更令人难忘的是，潘于癸丑（1793）会试后，赴圆明园复试，时老师谢墉以上书房师傅亦在澄怀园，潘往谒见。明日，谢墉穿了公服，正式回拜。潘的姨丈很惊讶，说：潘世恩是您的门下士，您何必要如此屈尊？谢答道：我一生阅人很多，此子气宇不凡，今年必定大魁（状元）。后来果如谢所说，潘殿试一甲一名。潘晚年赋《感旧诗》，中有一首专写谢墉："谢傅文章老斫轮，手载小草亦生春。澄怀一见邀真赏，道是芙蓉镜下人。"对谢的知遇之感终生不忘。

督学江苏　经学取士

乾隆一朝，各直省学政中，以朱筠之在安徽、谢墉之在江苏，阮元之在浙江，提倡经学最盛，他们以经术倡导后进，形成一代文明之治，影响一代学术风气。

谢墉本人经术湛深，学识广博，足以涵盖应试诸生。凡诸生学有专攻，各有所长者，谢墉都能了然于心，加以荐拔揄扬。江苏优秀人才，网罗殆尽，少有遗漏。如江都汪中、阳湖孙星衍、兴化顾九苞、仪征江德量、山阳汪廷珍、嘉定钱塘、甘泉焦循、仪征阮元等，这些一流学者，或多或少都得到过谢墉的奖掖而成名，所以，如论及江苏历任学政擢拔人才之众，倡导学风之盛，应首推谢墉。而谢墉首任江苏学政时之礼敬汪中、再任江苏学政时之识拔阮元，更为后来学人津津乐道。

汪中（1745—1794），字容甫，江都人，精研经史，卓然成家。兼善诗文，尤擅骈俪，年轻时所作《哀盐船文》，被时任扬州安定书院山长的杭世骏誉为一字千金。然而汪中性情傲兀，与人论学，往往使人下不了台。他公开宣言，扬州一府，就学问而言，通者三人，不通者三人。通者为高邮王念孙、宝应刘台拱和他自己；不通者歙县程晋芳、兴化任大椿、兴化顾九苞。有一位读书人拿着自己的文章请汪中指教，汪中说“你不在不通之列”，这个读书人很高兴。不想汪中又接着说：“你再读三十年书，可望进入不通之列了。”

汪中恃才傲物，为人所嫉，诽谤之语当然也不绝于学使之耳，但谢墉不为所动，始终很敬重汪中。平时谈及汪中，总是只称其字“容甫”，而不直呼其名。谢墉还当面对主政扬州安定书院的两淮盐运使说：“我之所以忝居于容甫之上，是因为我的官职；如果以学问而论，我于容甫，当屈居北面，甘拜下风了。”谢墉如此不惜贬低自己而成人之美，汪中不禁感激涕零。汪中平时最怕听见炮声，汪每次去

谢墉故里枫泾古镇

拜谒谢学使，谢墉总是告诫衙署司职放炮的人，要等到汪中离开衙署并估计已走得很远了，才发炮。乾隆四十二年，谢墉离任前，特将汪中举为拔贡，这是汪中所得最高的功名了（拔贡十二年才举行一次，每县学仅拔一人，如考试名次前列，就有可能直接踏入仕途）。

阮元（1764—1849），号云台，仪征人。乾隆五十四年（1789）进士，官至体仁阁大学士。阮元是著名学者，于清代文化学术贡献很大。谢墉于乾隆四十八年（1783）第二次督学江苏时，识拔阮元，将他录入县学。后在科试中，阮元经解、诗文两试均被谢墉拔擢第一名。谢墉高兴地说，我前任督学得汪中，此任得阮元，两人都是真正的学人。乾隆五十一年（1786）春，阮元被谢墉邀请到江阴，入学幕，并随谢墉出棚，助阅试卷。阮元日后之事功学术，得益于谢墉早期的识拔和栽培。后来，阮元撰写谢墉的《墓志铭》时，回忆谢督学江苏时，“论文不拘一格，皆宗于典雅”，不着力于制艺（八股），而重视经史有用之学，所谓“经义策问，尤急甄拔”。阮元忆昔视今，不禁感叹道，像谢公这样的爱才怜士，今天还有谁能比得上他呢?

浮言蒙谤　七品退休

乾隆五十一年冬，谢墉再任期满，离开江阴时，时已致仕居乡的赵翼赠诗送别，赞扬谢的公正廉明，称“要识士子倾戴处，孤寒多少欲追攀”。然而，谁也没有想到，谢回京不满二年，却因江苏督学事，遭受不白之冤。

乾隆五十三年（1788）秋，与谢墉曾有过过节的大学士阿桂，上疏称江苏学政谢墉和福建学政吴玉纶，外间有传言，说“谢金圃抽身便讨，吴玉纶倒口便吞”。“谢”字抽取了中间的“身”字，便成了“讨”字；“吴”字将上面的“口”字倒放在下面，便成了“吞”字。意思是两位学政行为不轨，大有索贿纳赃的嫌疑。

当初，谢墉奉命督学江苏时，便称“居近松江，难于防范”，为避嫌疑，奏请留在京师供职。此举也可见谢墉是个谨慎守则的人。

谢墉故居“金圃宅第”

谢墉后在江苏，人称得士。但终有不得志者，心怀怨恨。譬如，谢曾上奏朝廷，如有廪生（领取国家财政补贴的生员）依仗身份，惹是生非，被戒饬申斥者，遇到出贡之年，应该扣除其名额，另选候补贡生充当。这样一来，那些不得出贡的廪生必然对谢墉恨之入骨。谢墉平时与官场中人交往，襟怀坦白，谈论时无所顾瞻，也容易遭人误解。于是，“抽身便讨”的讥讽之语就浮现出来。乾隆命江苏巡抚调查此事，后巡抚上奏调查结果：“谢墉初任江苏学政，声名实属平常；其复任时，尚知悔过，颇为谨饬。”并无提及“抽身便讨”。乾隆认为此事查无实据，却事出有因，本拟革职，因为“学问较优”，念其“在上书房行走多年”，降为内阁学士，从宽留任。

乾隆五十四年（1789）三月初，上书房诸位师傅，因为会试期近，照惯例，大都未去值班，而在等待主持会试的信息。乾隆下旨，称谢墉从宽留任，仍复偷安，竟然七日不到上书房值班，降为翰林院编修。六十年（1795）正月，以原品致仕。也就是说，谢墉是以翰林院编修这个七品官退休的。四个月后，谢墉逝世。

嘉庆五年（1800），嘉庆帝想起了这位师傅，下了一道谕旨，大意是：原任侍郎谢墉，在上书房行走很多年，勤慎供职。我自幼颂习经史，后来肄业习诗文，皇考（指死去的父亲乾隆帝）特地派谢墉来辅导讲论，我很受教益。后来因其在江苏学政任内“声名平常”，降为编修，但考虑到谢墉毕竟是“内廷旧臣”，学问优长，且在上书房供职时并无过失，“加恩追赠三品卿衔”。此时，谢墉已去世五年了。

识拔英才数十年的胡高望

赵 统

胡高望（1730—1798），字希吕，号豫堂，浙江仁和（今杭州）人。乾隆二十六年（1761）殿试一甲二名（榜眼）。胡高望久值上书房，行走南书房，是文学侍从之臣。曾五典乡试，二典会试，四任学政，其中，自乾隆五十四年（1789）起，督学江苏两任六年。官至都察院左都御史。

迭掌文衡

胡高望

胡高望，乾隆十八年（1753）举人，考授内阁中书。二十六年（1761）辛巳科会试进士，殿试一甲二名（榜眼）。当时乾隆帝审阅已定好名次的前十份殿试试卷，见第一卷是赵翼，江苏阳湖（今常州）人；第二卷是胡高望，浙江仁和（今杭州）人。两人都是江南人，且当时都已官内阁中书。而第三卷王杰，则是陕西韩城人。乾隆认为陕西还未出过状元，这次，只得委屈一下江南人赵翼了，于是将第一、第三调换了一下，就这样赵翼到手的状元飞走了，变成了探花，而王杰则成了清代陕西的第一个状元。胡高望则没有变动，仍是榜眼。

乾隆三十二年（1767），胡高望擢升翰林院侍读，充当日讲起居住官，又升左春坊左庶子。次年，奉旨上书房行走。三月，充会试同考官。这年会试，礼部奏定，准备于会试落卷（没有取中）内，挑取中书、学正。但规定，分校各员（指批阅会试卷的各房同考官）不得再参与这次考试的阅卷。等到会试榜发，胡高望仍然奉旨再入考闱，批阅考取中书、学正的试卷，可见乾隆对他的信任。

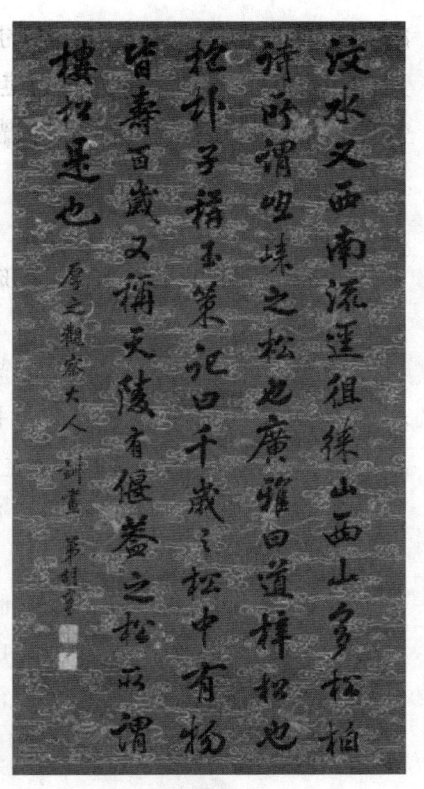

胡高望书法

三十八年（1773），授翰林院侍读学士。两年后，又升詹事府詹事，授内阁学士兼礼部侍郎。五十五年（1790），授兵部右侍郎，后调吏部右侍郎。嘉庆二年（1797）升都察院左都御史。明年卒于任。两年后，嘉庆帝下谕旨：“胡高望久值上书房，又曾在南书房行走（与曹文埴）均属勤慎”，“着加恩补行给予恤典”，谥“文恪”。明年，奉旨入祀乡贤祠。

这位胡文恪公也和谢墉一样，终身未曾参与实际行政事务，是所谓的文学侍从之臣。据朱彭寿撰写的《旧典备征》记载，胡高望曾“五典乡试”（即分别于乾隆辛卯、乙亥年两次充任山东乡试正考官，丙午年任顺天乡试副考官，戊申、己酉年两次充任江南乡试正考官），“两典会试”（即分别于乾隆庚子、甲辰年任会试副总裁官），“三任学政”（即先后出任湖北、江西、江苏学政。实际上，江苏是连任，应是“四任学政”）。其实，胡自进入仕途后，主持的考试远不止这些，还曾充当过两次会试同考官，三次殿试读卷官，一次武会试正考官。可以说，胡的官场生涯，几乎都在考场上度过的。其余的时间，不是在上书房行走，教导皇子皇孙，便是在南书房备皇帝顾问，或是在校书、编书，曾充当《三通》总校，《四库全书》总裁官。

识拔李兆洛

乾隆五十四年（1789），胡高望以内阁学士兼礼部侍郎督学江苏，任内升兵部右侍郎。五十七年（1792），奉命留任江苏学政。六十年（1795）回京。胡高望在江苏连续两任，共六年的时间。

胡高望视学江苏六年的事迹，《江阴县志》有记载，如在光绪《江阴县志》的《名宦传》中，就说他视学期间，很重视书院的教育，曾捐出自己的薪俸，来增加书院生童的名额。还说他经术湛深，他将汉、宋诸儒经学精义，剖析得详尽明晰，用来训诲诸生，谆谆不倦，士子如获严师。

胡高望朝服像

胡高望在江苏擢拔人才众多，除有关志书有记载外，很多江苏的文人墨客，在诗文中也常有透露。如他的同年好友阳湖赵翼，赋诗称赞他“江左人才尽网罗”，“士经指授发名多”，意思是说，江苏人才都被胡高望搜罗殆尽，而江苏士子只要经过胡学使的指导传授，没有一个不出名的。其中，李兆洛的识拔，尤为后人津津乐道。

李兆洛（1769—1841），字申耆，阳湖人，自小就有神童之称。乾隆五十五年（1790）李兆洛参加岁试，胡高望十分欣赏李的才学，拔擢第一入学。等到岁试考毕，胡学使对录取的秀才们训话的同时，已将李兆洛在各场考试（包括正场和复试）的试卷汇刻成一编，并将它作为典范，发给九学（常州府学和所属八县的县学）的诸生，各人一册。胡学使对秀才们说：“你们回家后好好熟读这本册子，不要以为李生年轻新进而瞧不起他。”言下之意，你们谁都比不上这位后生小子。接下去，胡学使赞扬李兆洛的话，更是令人意想不到：“老夫衡文半天下，未见有如李生者矣。”

胡高望称自己“衡文半天下”，也绝非自夸，而李兆洛确也没让胡学使看走了眼。日后，李兆洛成为嘉、道年间的大学者，担任过江阴暨阳书院院长近二十年之久，培养了众多的杰出人才，对江阴的文化教育有着深远的影响。

“面貌册”趣事

胡高望主持考试，纪律严明。他在奏疏中曾说：“按试各府，臣于点名时，将年（龄）、（面）貌逐（一）加（以）核对。封门后，终日在堂察视，亲至号舍挨查。是以枪（替）冒（名）、传递等弊，不致肆行。”胡高望对考生严格核对年貌事，无锡诸生钱泳在《履园丛话》中也有真实记载。

钱书中说道，按惯例，岁、科两试诸生，都必须填“面貌册”，但一般都不重视，虚应故事而

胡高望字希呂仁和人乾隆十八年舉人考授內閣中書二十六年一甲第二名進士授編修歷侍讀庶子詹事擢內閣學士禮部工部兵部左右侍郎都察院左都御史入直上書房經筵講官歷充會試同考官山東順天江南考官會試總裁督湖北江西江蘇學政取士公明寒畯登拔尤多以湖北施南一府在萬山中書無善本從未有登科目者捐廉購經史子集置學舍俾諸生誦覽歲

杭州府志 卷一百二十六 名臣四 八

科兩考能背習者特加獎勵口講指畫教以讀書之方由是文風漸進所選范逮之遂舉於鄉爲施南科目之始在江西日人亦奉爲嚴師兩任江蘇捐廉廣書院生童額先是學官弟子各習一經至是功令俾習五經高望取漢宋諸儒經義剖析詳明以訓諸生諄諄不倦造就甚多高望居官清介擢處顯位彬彬有儒士風門生故吏徧天下而虛懷若谷留意人才至老不倦嘉慶元年預千叟宴卒

賜祭葬謚文恪祀賢良祠 武林人物新志 江陰縣志 兩浙輶軒錄

清光绪《杭州府志》载《胡高望传》

已。但偏偏这位胡学使核查非常仔细，唯恐有考生冒顶作弊。有位沈姓常熟生员，年三十多岁，“面貌册”上填的是“微须”，就是有一点些微胡须的意思。不想这胡学使过于墨守朱注，竟将“微”字训“无”，而不作“少许”讲。于是，如果面有胡须而册填“微须”（无须）者，胡学使认为肯定是冒名顶替，都不准进入考场。沈秀才这下慌了，连忙去找学书（学政衙署书吏）更改，因面貌册在学书手中。不巧的是，学书外出，沈寻找到深夜三更，也不见学书人影。无奈，只好赶到剃头铺将胡须刮干净。事毕，已经听到鼓吹声，急急忙忙赶赴院门听学政点名。可是令他万万没有想到是，因那位学书与沈秀才素来关系很好，知道沈秀才留有胡子，就预先为沈秀才将“微”字改成了“有”字，只是阴差阳错，两人考前没有碰头，所以沈秀才不知道改字的事。等到点名到沈秀才，胡学使对沈看了又看，说道：“此人又是一冒名顶替者。册上明明填写的是‘有须’，现在来人看上去却没有胡须，这不是冒考，还会是什么？”不准进入考场。沈秀才无可置辩，只得垂头丧气地离开。

但另一位秀才却不卖胡学使的账，当他也因“微须”而被斥时，便与学使争执起来。胡高望大怒，说道：“你读书，难道不知道朱注：‘微，无也’？”言下之意，朱熹老夫子的注，你也敢推翻？秀才不慌不忙，笑着禀告：“如是这样，那么，孔子‘微服而过宋’，岂不是要孔子脱得赤膊精光？这成何体制也？”秀才这是引用《孟子》里的话，胡学使无言以对。以后，考生再也没有因此而遭斥逐者。

“空前绝后之学使”

胡高望在学政任上，处处为读书人着想，深受江苏学子的爱戴。昭文（今常熟）张大镛，回忆乾隆五十九年（1794）中举的情景时，对时任江苏学政的胡高望充满敬仰之情。他说，按惯例，江苏中举人者，都要亲自到江阴的学政衙署填写“亲供”（履历），并领取“旗扁银”（以备中举者立旗杆、制匾额的银两），但这些银两大半都被学书等侵吞克扣，新举人也无可奈何，因为他们明年进京会考的凭证还在学书手中。恰巧这次乡试立了一个新规定，凡取中举人者都必须再赴南京进行一场“糊名”复试，于是，胡学使乘复试举人云集南京的机会，发文给江苏布政使，将旗扁银就近提取，解送南京试院，按名当堂给领。这些银两，发至新科举人手中，印封都还完好无损。胡高望此举，既免去了诸位举人再次赶赴澄江的劳累，又杜绝了学署书吏克扣私索的弊病。胡学使待士，真可谓严而有恩。

胡高望发完旗扁银后，又传谕要接见那些填亲供者，每十人进见一次。胡跟这些新进举人，讲起了本科科场中事。胡说，他的一位门生出闱后对老师说，他在考场中，正为写应试诗发愁，遇见一素不相识之人，于是就向此人请教试题的出处。此人告诉他试题应出自《晋书》，并为他讲明题意。此人便是今科解元常熟陆仁虎。胡高望不禁大发感慨，说道，风檐寸晷（号舍）之下，考生都妒忌他人对考题理解透彻，总希望他人对考题一无所知。这样，自己才有希望出人头地。而陆仁虎竟能于“曾未谋面，临阵相争”之人，为之详明指示，这样的品行，别说是中解元，就是中会元、状元，亦何足为奇。胡学使谆谆训勉，词厉意真。张大镛闻命受教，感慨万分，称胡是“数十年来空前绝后之学使也”。

胡死后，入祀江阴名宦祠。

胡高望字豫堂浙江仁和人乾隆辛巳進士兵部侍郎前後任江蘇學政六載捐已貲廣書院生童額教思覃粹俊髦咸知向學先是弟子各習一經乾隆間功令俾習五經高望湛深經術取漢宋諸儒經義剖析詳明以訓諸生諄復不倦士子如獲嚴師官終左都御史謚文恪

清道光《江阴县志》
载《胡高望传》

书写“忠义之邦”的状元公姚文田

赵 统

姚文田

姚文田（1758—1827），字秋农，晚号梅漪老人，浙江归安（今湖州）人。嘉庆四年（1799），姚文田中一甲一名进士（状元），授翰林院修撰。嘉庆二十四年（1819），姚文田以户部侍郎督学江苏，为褒奖江阴百姓乙酉守城壮烈殉难的精神，特为书写“忠义之邦”。官至礼部尚书的姚文田学问渊博，著作繁富，治学汉宋兼采，是个有学问的状元公。

有学问的状元

姚文田小时候父亲客游四方，由母亲亲自教读。因家境贫困，有时一天只能吃上一餐。他家住宅对面有一块旧房废地，亲戚都劝姚家将那块地卖了，以此糊口度日。姚母断然拒绝，说道：我儿子终会有飞黄腾达的时候，现在无论如何也要把这块地留下来，以后在此建一个一品牌坊。可见姚母对儿子的爱之深、望之切。

乾隆五十四年（1789），姚文田以拔贡生中式举人，后北上教读、游幕。五十九年（1794），乾隆帝驾幸天津，招试士人，姚文田考得第一名，得到皇帝赏识，授内阁中书，充军机章京（军机处处理公牍人员）。在内阁能接触到很多档案文件，姚文田是有心人，便于公事闲暇，索取历科状元殿试试卷，认真阅读，仔细揣摩，并且每日缮抄一卷。

嘉庆四年（1799），姚文田中一甲一名进士（状元），授翰林院修撰。据说，姚得状元，跟他的同乡王以衔一样，也非一帆风顺（王以衔是乾隆乙卯科状元，比姚早四年得大魁。王在姚之前五年也曾督学江苏）。据陆以湉《冷庐杂识》记载，姚文田秉性刚直，曾经因事得罪了某位协办大学士，殿试时，该协揆刚好被派阅卷，就故意将姚文田的卷子压下来而不予推荐，幸亏有一位阅卷大臣很赏识姚，执意要将姚卷置之前列，认为此卷书写、作文都非常优秀，如将它排斥在准备进呈御览的十本之外，何以服人？某不得已，就改置第九本进呈，不想，嘉庆帝阅卷后特别欣赏姚文田，特为拔擢第一，成了状元。

姚文田屡次升迁，至嘉庆十八年（1813），官国子监祭酒，入直南书房。又迁詹事府詹事、内阁学士兼礼部侍郎，升任兵部、礼部、户部侍郎。嘉庆二十四年（1819）至道光二年（1822），姚文田督学江苏三年。道光四年（1824），迁都察院左都御史。七年（1827），升礼部尚书，真应验了其母对他的期望，官至一品（从一品）。数月后，姚文田逝世，谥

遼雅堂集卷之一

歸安姚文田撰

宋諸儒論

三代以上其道皆本堯舜得孔孟氏而明三代以下其道皆本孔孟得宋諸儒而傳洪水橫流生民墊溺堯舜起而袵席之其功在一時也顧其切切爲萬世慮者則在以人倫爲教倫紀明而萬事理矣周自平桓而降文武之澤漸衰於是君臣父子之獄諸國多有桓文之徒

姚文田《邃雅堂集》

姚文田书法

"文禧"。

姚文田学问渊博，终日手不释卷。论学尊崇宋儒；但所著书则又宗汉学，撰有《易原》《春秋日月表》《说文声系》《说文考异》《古音谐》《四声易知录》等经学、小学等著作，史学则有《后汉郡国志校补》《广陵事略》，还有诗文集《邃雅堂集》问世。这位状元公的著作，将与江山永存天地。

姚文田于书无所不读，旁及天文、五行，杂占、医经。著有医书《内经脉法》，还著有《疑龙撼龙经注》《相宅》等"五行、杂占"类的书。姚文田懂医学，不但著书，偶尔也为人看病，且医术还很高明。据说，军机大臣英和曾患"胸疡"，即胸前长了一个疽，病情严重，医生都说没救了，可就是被姚文田治好了。常州学者赵怀玉也曾记载姚文田为其诊脉问疾的事。

关心民间疾苦

《清代学者像传》中的姚文田

姚文田服官三十余年，如同其他翰詹官员一样，终其一身从事考选事务，主持抡才大典。曾外差四任乡试主考官（广东、福建、山东、顺天），一次任会试总裁，三任学政（广东、河南、江苏）。然而，《清史列传·姚文田传》中，所载姚文田奏疏，几乎占传文的十分之九，而且这些奏疏内容大都是有关国计民生方面的。作传者并称，姚文田奏疏"持议切中时弊，最得其平"，而不像一般文人故作高论，却与实际脱离太远，全无实行的可能。至于姚文田屡掌文衡之事，所着笔墨反而很少。可见，史臣对姚文田，并不单纯将他视为文学侍从之臣，而认为姚“以天下为己任”，有古大臣风。

姚文田对时事有清醒的认识，经常发表议论，而且知无不言，言无不尽。

嘉庆十八年（1813），姚文田直南书房时，上疏直言民间疾苦，认为国家治本之道，只是教、养两端。朝廷只要为百姓广开衣食之源，保其身家，百姓就不会有为非作歹的念头。可是，如今考核地方官员，如见处理公文快、催促钱粮多者，就称其好官。至于如何教育、爱护百姓，却从来不重视。而现实是“南方之民，患在赋重；北方之民，患在徭多”。赋税多，徭役重，则民不堪矣。为减轻百姓的负担，同时也考虑到地方官员的实际情况，姚文田提出的办法，就是“省事”，即各省方面大员，不宜调动频繁。否则，送旧迎新，徒然增加耗费。可能姚的潜台词是，前任如恶虎，刚喂饱，走了；后任又如饿狼，欲壑更难填满。则是苦了百姓。这个“省事”的办法，也并不是什么好办法，只是“下策”，所以姚也向皇帝坦承：“臣尝再四熟思，求一善策而不可得，得其策之下者。”如以今人眼光来看，根子在专制皇权制度本身，终然是诸葛再世，也不可能得一“善策”的。

嘉庆十九年（1814），姚又上疏申诉民间疾苦，再次呼吁“养民”。他先说百姓冤狱之多，如从前某案，至今正凶还没有审定是谁，而无辜致毙者已经有数十人之多。真是“一冤未雪，而含冤者且数十人也”。所以，应命令各省大小官吏，迅速结案，无多株引。他又说，所谓养民之政，不外乎就是注重农桑本务。虽也见到历来督、抚大员保荐州县地方官员时，说起其在任业绩，第一条必定是“劝课农桑”，但谁都知道，官样文章而已，“其实尽属虚谈，从无过问”。最后，他下结论，欲清冤狱，必先养民。“总之，民之犯刑，由于不知率教（遵守教令）。其不率教，则由于衣食缺乏，而廉耻不兴”，所以，“养民”为地方官的首要任务。

督学"忠义之邦"

嘉庆二十四年（1819）姚文田督学江苏。姚上任伊始，照例先祭拜孔庙，视察四周，发现流经文庙南北的内城河，已不能满足江阴城内居民日常生活用水的需要，而"相度（犹如今之所谓'看风水'）学宫形势"后，觉得孔庙与周边河流配置的风水不佳。于是，姚学使命令堵塞那流经学宫北面的支流，而使那自南流入至玉带河的支流，"历（经）汇征桥，屈曲至鸿渐桥，历龙头桥，东至进贤桥，与东南之合流者汇焉"。如今，这些座跨在内城河上的古桥，如同内城河一样，早已荡然无存，但姚学使当年关注民生、热心文教的惠民工程，却已被载入了史册（见旧县志）。

道光元年（1821），姚文田尚在江苏学政任内，官场盛行"浮（多）收"陋规，即除了明令规定的赋税外，又向百姓增收额外的税供。姚文田立即草疏上奏朝廷，痛陈百姓之苦，"小民终岁勤劬，自纳赋外，竟至不敷养赡"。姚还指出："东南财赋甲于天下，而赋额如江苏之苏州、松江，浙江之嘉兴、湖州，其粮重又甲于天下，竟有一县额征多于他处一省者。"现在又要在正赋之外，将额外浮收明定章程，东南百姓还有活路吗？姚奏上后，朝廷害怕激起民变，下谕各级官员"杜绝浮收勒折，以清其源；裁革陋规，以遏其流"。

中山公园忠邦亭（沈俊鸿摄）

姚文田在江阴三年，对明末清初江阴百姓乙酉（1645）

守城殉难事很是感慨，对素称忠义的江阴民风更是钦佩不已。事虽已过去百余年，然青山白骨，浩气长存。为纪念江阴殉难义民，姚文田特地写了“忠义之邦”四个大字，告慰数万忠魂。姚在这里不仅仅是表彰几位领导抗清的领导人物，他的着眼点是放在了整个江阴人民的群体上。后来，江阴士人何春煦就在坐落于君山上的梅花书院中，特地建造了一个纪念堂，取名“仰止”。然后将“忠义之邦”四字描摹镌刻在石碑上，石碑则嵌入“仰止堂”的墙壁中。姚文田是状元，书法当然闻名天下，甚至有人认为，姚的殿试卷中的字，为清代所有状元中最好的。君山梅花书院后毁于太平天国兵燹中。

道光二十三年（1843），江阴整修城楼时，知县金咸请邑人张锡龄，将姚文田书写的“忠义之邦”四字临刻于砖，嵌于南门城楼上。1937年冬，南门城楼遭日军炮击，“忠义之邦”门额被击中，毁去中间“义”“之”二字。抗战胜利后，残存下来的姚文田所书“忠”“邦”二字砖刻，被移至中山公园，嵌砌于南大门亭内正壁，此亭由此名之为“忠邦亭”。

爱国爱民的一代名臣祁寯藻

祁寯藻

祁寯藻（1793—1866），字叔颖，又字淳甫，后避同治帝名讳改实甫，自号春圃，晚号观斋，山西寿阳人。嘉庆十九年（1814）进士，先后任兵、户、礼诸部尚书，历官至左都御史、军机大臣、体仁阁大学士，曾为咸丰、同治两代帝师。期间，于道光十七年（1837）至二十年（1840）担任江苏学政。晚清杰出的政治家、思想家，也是一位著名的书法家、诗人，被称为一代儒宗。

2010年，一部反映一代名相祁寯藻廉洁勤政、传奇一生的四十集电视连续剧《天地民心》，在中央八台热播，获得广泛好评。

整顿士风　注重德育

祁寯藻的老家在山西寿阳平舒村。乾隆五十八年（1793），当他在北京出生的时候，担任户部郎中的父亲祁韵士正在复校文渊、文源两阁《四库全书》。祁寯藻自幼聪明过人，他五岁开始识字，六岁入家塾，读书过目不忘，被人们誉为神童。十二岁那年，父亲因受一案件牵连，被捕入狱。祁寯藻随侍狱中，开始学诗。

一年后，父亲被发配新疆伊犁，祁寯藻随同母亲回到老家。在母亲督促下，他刻苦读书，十八岁考中举人，二十二岁考中进士，被选为翰林院庶吉士，后授编修，从此步入仕途。

江阴中山公园江苏学政衙署遗址
祁寯藻《增修江阴考棚记》碑
（沈俊鸿摄）

清道光十七年（1837）八月，祁寯藻被任命为江苏学政，九月抵达江阴接任。在这之前，他已担任过湖南学政，十分了解考场上的种种弊端，因此，每到一地，总是先撰列禁戒规条，广加晓谕，并要求各考官，勤加督察，严防作弊。考试当日，必亲临考场，“于点名时核对年貌，封门后终在堂往来巡视，不敢假手役吏”。

一个省的士风士习优良与否，与学政有着直接的关系。祁寯藻在抓好考风考纪的同时，还对江苏的士风士习进行整顿。当时，江苏的一些“有才无行者”，依仗自己在社会上地位优越，包揽漕务，干预诉讼。这种风气，不仅败坏了士习，而且影响社会安定。为此，他通令各府州县，对这样的案件“俱令造清册，详注案由”，“重则斥革，轻则注劣戒饬”，他还在考试时，对其中的一些人“面加惩诫”。这样一来，士子们多知“警畏收敛”。

针对江苏学子重文轻德，在考试中辞章之学甚多，根底之学甚少等问题，道光十九年（1839），祁寯藻组织人员在学署内重刻南唐徐锴的《说文解字系传》，刊发《朱子小学》，并遵旨恭书《圣谕广训》等，以加强基础知识和德行的教育。

增修考棚　宣传禁烟

祁寯藻来到江阴之后，看到学署考棚内座号拥挤，遇到风大雨猛之时，考生衣服淋湿，顿生怜悯之心。当有人提请劝捐增修考棚时，他十分赞成，当即下令增建东西新文场，并带头捐出自己的俸禄。半年后竣工，考场环境大为改善。缪荃孙总纂的《江阴县续志》在记载祁寯藻的这一事迹时评述道："所题联语曰：'文章有神，浩气周大江南北；风雨不动，欢颜开广厦万千。'盖纪实也。"

祁寯藻驻节江阴期间，对一些饱学之士十分尊重。他重刻《说文解字系传》时，聘请暨阳书院掌教李兆洛（字申耆）主其事。而当李兆洛七十寿诞，在江阴举行寿庆活动时，祁寯藻不仅亲自到场，而且特地安排幕僚张穆撰写《李申耆先生七十寿序》一文以示祝贺。

早在雍正三年（1725）至五年（1727），祁寯藻的族祖祁文瀚曾在江阴当过县令。任职期间体恤百姓，深得民心。清光绪《寿阳县志》称其"仁心为质，每出一谕，若吐肝膈，去官后邑人汇刊之，颜曰《化民录》"。道光十八年（1838），祁寯藻在江阴重刊这册《化民录》，以寄托他继承其族祖祁文瀚亲民爱民传统的志向。祁寯藻所处的时代，正是西方列强用鸦片和炮舰向中国发起侵略之时，作为一个爱国者，他坚定地站在反对列强侵略的第一线。当著名的禁烟派官员黄爵滋向道光帝上疏

清代江阴著名画家吴儁绘祁寯藻像
（南京博物院藏）

建议朝廷采取严厉措施禁烟时，时任江苏学政的祁寯藻，积极声援黄爵滋的建议。

他在江阴创作了宣传禁烟的《新乐府》三章，诗中一针见血地指出吸食鸦片会导致“尔之金尽骨髓枯”“坐使黄金化为土”的悲惨结局。他劝诫百姓要“湔肠涤胃痛自悔”“拔疽剔蠹善自保”，要珍爱生命，永戒鸦片。《新乐府》三章在江苏各地广为刊发，成为禁烟运动中生动的宣传品。

在江阴的两年多时间里，祁寯藻为百姓、为国家做了不少事情。

反对妥协　力主抗夷

道光十九年（1839）十二月，祁寯藻补授都察院左都御史。翌年正月，学政届满，他离开了江阴。二月，与刑部侍郎黄爵滋一起到达福州，会同闽浙总督邓廷桢查处烟案，加强防务。是月，补授兵部尚书。在福建期间，通过深入的调查研究，上书皇上八次，提出加强泉州防务，改建沿海炮台，查禁烟贩，惩治汉奸，严禁外币流通等建议，均被道光帝采纳。

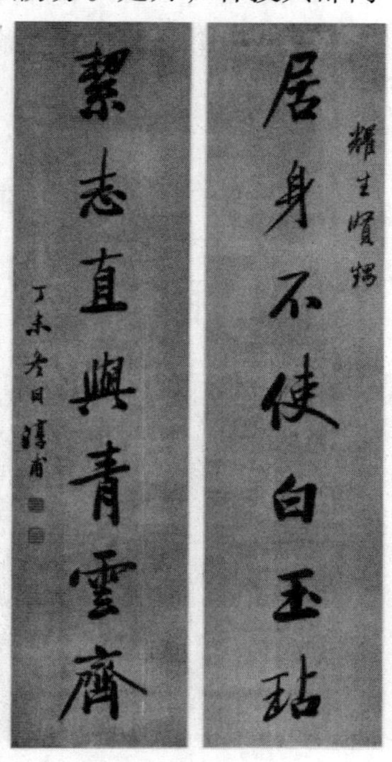

祁寯藻书法

道光二十年（1840）鸦片战争爆发后，英军于七月进犯厦门，被邓廷桢率部击退，邓廷桢上折报告战况并保奏立功将士，但朝中的妥协派却诬蔑他是虚报战况，欺瞒邀功。道光帝又命祁寯藻核查厦门战况。通过认真核实，祁隽藻用确凿的证据证明邓廷桢所奏属实，从而揭露了妥协派的诬蔑，保护了抵抗派将领。

然而，举棋不定的道光帝时战时和。祁寯藻则始终反对妥协求和，坚决主张抗击英国的侵略。不久，道光帝听信直隶总督琦善的谗言，罢免了林则徐、邓廷桢等主战派官员。

这年十一月，在满朝议和声中，祁寯藻和黄爵滋在奏陈定海失陷后情形折中指出：“浙江乃闽、粤之腹心，与江苏为唇齿，而镇海尤全浙之咽喉。定海夷船一日不去，则民心一日不安，此时机宜，尤关紧要。”奏折特别提醒“断勿仅凭夷人赴粤之言，信其必退定海，稍疏警备。更请敕下浙江巡抚，暨广东、福建、江苏各督抚，于海口要隘照旧严密设防，加倍慎重”。

第二年九月，祁寯藻被任命为军机大臣后，在朝堂上和主张妥协的首席军机大臣、文华殿大学士穆彰阿，就和战问题发生了多次冲突。祁寯藻主张任用抵抗派林则徐、邓廷桢等人，而穆彰阿则排挤打击抵抗派，重用琦善、耆英等妥协派官员。

当道光帝最终向英国侵略者屈服，准备签订丧权辱国的《南京条约》时，祁寯藻在朝廷上痛心疾首，极力抗争，这位年近半百的忠良之臣当着皇帝的面，“伏青蒲哭，排其议”。以至于当时有传闻，道光帝后来将正式批准签订条约的上谕授于穆彰阿时，“嘱其毋为祁寯藻所知”。

勤政爱民　一代名臣

道光三十年（1850）正月，道光帝带着满腹忧愁，病死于圆明园。年轻气盛的咸丰帝不满鸦片战争的结果，继位后半年多，便以“保位贪荣，妨贤病国”之罪罢免了权臣穆彰阿，同时，任命他的老师、体仁

祁寯藻故里

阁大学士祁寯藻为首席军机大臣。咸丰帝问他用人行政之道，祁寯藻答以言路为国家气脉，建议“起用人望，听纳直言”。咸丰帝连发三道谕旨，求言求贤，不多久群臣献纳即达百余章，姚莹等一些抗英名臣被重新起用，朝野人心为之一振。

两年后，祁寯藻赏加太子太保衔。就在这一年，咸丰皇帝对主要官员的政绩进行了评估，对祁寯藻的评价是：“在军机处行走有年，实力匡襄，殚精竭虑。自军兴以来，夙夜在公，勤劳倍著。”在此期间，祁寯藻向咸丰帝提过许多建议，当时有的大臣奏请开厘捐，他认为厘捐损害百姓利益，不宜开征。有人提出铸大钱，他上奏罢铸。他事事以国以民为重，为维持清朝政局稳定起到了一定作用。

咸丰四年（1854），祁寯藻因久病不愈辞职休养。

此后，随着太平天国的烈火越烧越旺，加上英、法、美、俄等列强的侵略行径日益猖獗，苦命天子咸丰帝内外交困，终于在三十一岁那年病亡于热河行宫。六岁的同治帝继位，慈禧、慈安两宫皇太后垂帘听政，祁寯藻重新被起用，他疏陈时政六事，被采纳施行，随后以大学士衔补授礼部尚书，为幼小的同治帝讲授治国安邦之道。

同治五年（1866）九月，一代名臣、两朝帝师祁寯藻因病离开了人世，终年七十三岁，谥号文端。病重期间仍不忘国事，犹吟诗云：“病久岂忘忧世念，梦中还有荐贤心。”

为《江上诗钞》作序的学政李联琇

赵 统

李联琇（1821—1878），字秀莹，一字小湖，江西临川人。道光二十五年（1845）进士，翰林院编修。咸丰四年（1854），升迁大理寺卿（正三品）。咸丰五年（1855），督学江苏，士林称颂。八年（1858），学政期满，即因病告退，脱离官场。后流寓江苏二十年，主讲南京钟山书院。

官场中急流勇退

李联琇是工部侍郎李宗瀚的第四子。十二三岁，父亲与生母漆氏相继去世，李联琇遭此家庭变故，“哀慕危苦”，不是一般少年能受得了的。李联琇发愤淬厉，学习刻苦。读书常至深夜，疲倦了，便手抓自己的脸面，还将自己的发辫系在座椅的靠背上，免得自己因打瞌睡而伏案睡着了。

李联琇

道光二十年（1840），李联琇以国学生中式举人，后考取觉罗官学（八旗子弟就读的学校）教习。道光二十五年（1845）成进士，改翰林院庶吉士，散馆，授编修。咸丰二年（1852），大考翰詹（对翰林院、詹事府的中下级官员进行的不定期但决定官员升迁的考试），得到咸丰帝的赏识，拔擢为一等一名，补侍讲学士。三年（1853），充任会试同考官，署国子监祭酒，充任咸安宫（满洲官宦子弟学习的场所）总裁，外放福建学政。四年（1854），升大理寺卿，时年李联琇仅三十四岁。五年（1855）十一月调江苏学政，因留审案件，直至六年（1856）五六月份才到江苏上任。

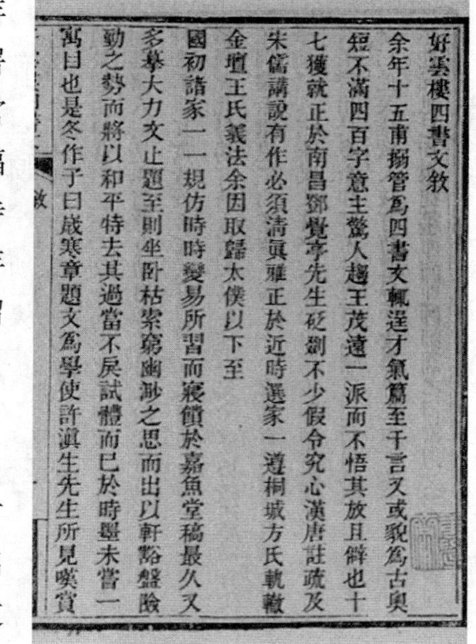
好雲樓四書文敘
余年十五甫搦管爲四書文輒逞才氣篇至千言又或貌爲古奥
短不滿四百字意主驚人趨王茂遠一派而不悟其放且僻也十
七獲就正於南昌鄧覺亭先生砭劉不少假令究心漢唐註疏及
朱儒講說有作必須淸眞雅正於近時選家一遵桐城方氏軌轍
金壇王氏義法余因取歸太僕以下至
國初諸家一一規仿時時變易所習而寢饋於嘉魚堂稿最久又
多舉大力文止題至則坐卧枯索窮幽渺之思而出以軒豁盤險
勁之勢而將以和平特去其過當不戾試體而已於時墨未嘗一
寓目也是冬作子曰歲寒章題文爲學使許滇生先生所見嘆賞

李联琇《好云楼四书文》

李联琇督学江苏，清峻廉明。科试苏州府时，各县学校“另加广额”（战乱期间，官府出卖秀才名额，以增加财政收入），但录取这些生员入学时，教官仍要向他们勒索“贽礼”，廪生也照例“乘机搜罗”。李联琇知道后，立即发文告示，严禁此类违法乱纪的行为再次发生。

由于当时李联琇文名远扬，而视学福建、江苏时又业绩卓著，以致后来有文人比拟附会，将别人的科举考试的佳话，也硬加在李联琇的头上。如《蛰存斋笔记》中说，山阳（今淮安）李宗昉才十一岁，应童子试，家里特为定制服装行头，母亲为他面上傅粉，颈中还挂有一个银锁，真是玉雪可爱。李联琇看了，很不以为然，认为“淮郡读书人家，父兄不以实学训子弟，专尚浮华”，但后来考试时，看到很多应试童生连试题出处都不知道，小神童李宗昉却下笔如有神，转眼间已写成一篇大文章，这时，李联琇才刮目相看，命人去厨房拿点心给神童吃，最终将他录取入学。查相关史料，李宗昉中嘉庆七年（1802）一甲二名进士（榜眼），此时，李联琇还未出生，怎么可能会成为李宗昉入学时的大宗师呢？文人之笔记小说，所以不可全信也在此。但也于此可见，当时李联琇督学江苏的声誉之隆、影响之深。

李联琇于咸丰八年（1858）江苏学政报满，并未回京复差，而是因旧疾复发，奏请开缺（卸除官职）。时李联琇年仅三十八岁，已官居三品（大理寺卿，正三品），且深得咸丰帝赏识，官场前途一片看好，而突然急流勇退，其真实原因恐怕并非完全是由疾病，主要是他对时局的悲观态度。当时，太平军已攻下南京五年，江南亦岌岌可危，内乱外患，清朝四处危机，所谓“发、捻纠结，苗、回鸱张，外洋乘罅踏隙”，而自己乃一读书人，“书生无补世用也”（见汪士铎所作《大理寺卿李公墓志铭》）。

流寓江苏二十年

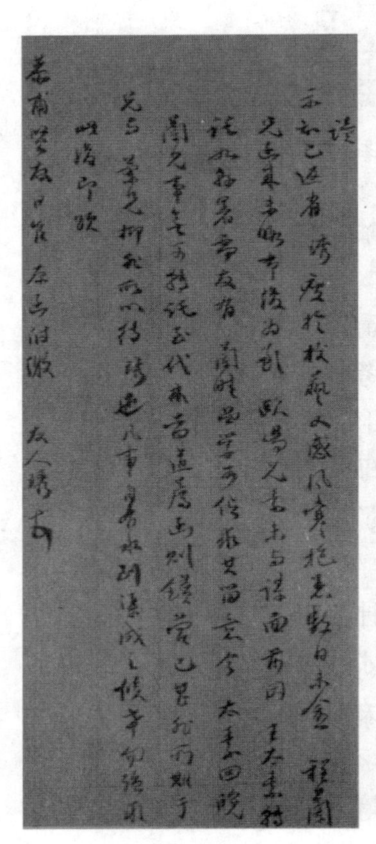

李联琇书札

李联琇自退出官场后，时江西战乱，故乡难返，只得滞留江苏。咸丰十年（1860），太平军突破江南大营，苏南沦陷。李联琇北渡长江，避居通州（今南通），做起了通州士人茅铮家的西席，教读毛家子弟。毛家殷富，茅铮是李联琇任学政时所录之厅学生员，与李本有师生关系。李联琇在通州，识拔周家禄一事，一直为通州人士津津乐道，并被载入民国年间所编的《南通县图志》。书中说，某日，先生无事，散步乡间，进入一个乡村私塾，见塾师的书桌上放有童子周家禄所作的一篇《牵牛花赋》。先生阅后，啧啧称奇，即召见周家禄，并详细询问他的学业。茅铮见先生如此看重周家禄，便招入茅家，与茅家子弟一起攻读。周家禄得以遍读茅家藏书，学业大进，后来成为知名学者。周终生感念李先生的知遇之恩，时刻不敢忘记。

太平天国败亡后，李联琇应两江总督曾国藩之邀，出任金陵钟山、

李联琇自用印章

惜阴两书院的院长。钟山书院的前任院长中，不少是大师级人物，如卢文弨、姚鼐、钱大昕等，李联琇生怕愧对前哲，所以教士更加勤奋。他每日批阅诸生课卷，黎明即起，深夜才眠。李联琇不管治学、教学，都十分严谨。有次，见一个课生所作的一篇赋中有“寺火”二字，李联琇不明所以，翻检各种书籍，好几天也没有找到“寺火”的出处，然后才敢相信，这肯定是那位课生将“寺人”误写为“寺火”了。李联琇曾对朱孔彰说过：“写文章，如要援引古籍中的文字，一定要翻检原书，不可盲目相信自己的记忆力，这样，才可以避免少出差错。”

李联琇流寓江苏二十年，主讲南京数个书院，深得历任督、抚的敬重。但他淡泊名利，与位居要津的权贵从不书信往来。曾国藩想上疏推荐他再入官场，被他推辞了。他私下里对人说，我官侍从，因病请退，如果今天再因人荐用，那就辜负了我平生所学了。沈葆桢（林则徐之婿）在两江总督任上，最敬重李联琇。李有一个同年，贫困潦倒，想通过为某扬州盐商疏通好总督的关系，自己可得盐商谢礼二千金。于是来请李联琇帮忙，李联琇很同情这位同年的窘况，答允下来。但徘徊思考再三，最后还是听从某位友人的忠告，没有去向沈葆桢关说。事后，对友人说道：“我几乎失节，幸亏您救了我。”

李联琇卒于光绪四年（1878）正月，享年五十有九。书院诸生如失亲人，供奉木主，祭祀于书院。李联琇著作后由及门弟子搜集编辑，有《好云楼集》《临川答问》等行世。

为《江上诗钞》作序

李联琇在江阴三年，提倡风雅，而附庸者众多。光绪《江阴县志》记载，诸生章埏，字乃秋，工于吟咏，佳句迭出，有“窗破月窥人”句，李联琇大为赞赏，立即写诗唱和。一时间，江阴文人纷纷跟着李学使吟唱，百数十篇，均精义纷呈，蔚为壮观，李联琇也俨然成了江阴诗坛的盟主。

咸丰八年（1858），即李联琇江苏学政任期的最后一年，他为江阴文坛留下了一篇《江上诗钞序》。《江上诗钞》是道咸年间江阴顾季慈搜集历代邑人诗歌总集的集大成之作，李联琇于离任前欣然为之作序。

李联琇在序言开头便写道：“尝登君山而揽江海之胜”，“已而鼓枻中流，望鹅鼻以上诸峰苍莽勃窣”。他的意思是说，登临君山，远眺江海胜景；泛舟江中，仰望苍莽诸峰，心胸登觉宽广。然而，江山之胜可见，而延陵（季子）、春申（黄歇）这些古之豪杰，已不可见。他不禁想起，由远及近，即宋、元以来数百年瑰伟之士，“槁项老死”，连带着他们的鸿文钜制，也大都“弃掷埋没于蓬蒿粪土

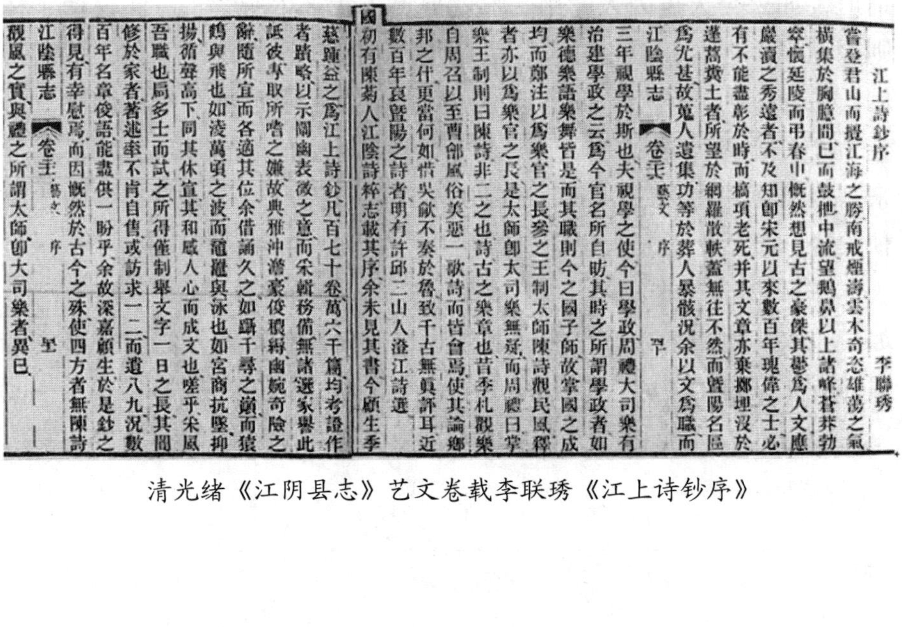
江上詩鈔序　李聯琇
嘗登君山而攬江海之勝南戒煙濤雲木奇恣雄蕩之氣橫集於胸臆間已而鼓枻中流望鵝鼻以上諸峰蒼莽勃窣慨延陵而弔春申慨然想見古之豪傑其鬱爲人文應巖瀆之秀遠者不及知卽宋元以來數百年瑰偉之士必有不能盡彰於時而槁項老死并其文章亦棄擲埋沒於蓬蒿糞土者所望於網羅散軼蓋無往不然而暨陽名區爲尤甚故蒐人遺集功等於葬人暴骸況余以文爲職而

江陰縣志　卷[illegible]　藝文　序

三年視學於斯也夫視學之使今曰學政周禮大司樂有治建學政之云爲今官名所自昉其時之所謂學政者如樂德樂語樂舞皆是而其職則今之國子師故掌國之成均而鄭注以爲樂官之長參之王制太師陳詩觀民風釋者亦以爲樂官之長是太師卽太司樂無疑而周禮曰掌樂王制則曰陳詩非二之也詩古之樂章也昔季札觀樂自周召以至曹鄶風俗美惡一歌詩而皆會焉使其論鄉邦之什更當何如惜吳歈不奏於魯致千古無由評耳近數百年裒暨陽之詩者明有許邱二山人澄江詩選
國初有陳菊人江陰詩粹志載其序余未見其書今顧生季慈鍾益之爲江上詩鈔凡百七十卷萬六千篇均考證作者蹟略以示闡幽表微之意而采輯務備無諸選家舉此詆彼專取所嗜之嫌故典雅沖澹豪俊瑰瑋幽婉奇險之辭隨所宜而各適其位余借誦久之如躡千尋之巔而猿鶴與飛也如凌萬頃之波而黿鼉與泳也如宮商抗墜抑揚循聲高下同其休宣其和感人心而成文也嗟乎采風吾職也局多士而試之所得僅制舉文字一日之長其閭修於家者著述率不肯自售或訪求一二而遺八九況數百年名章俊語能盡供一盼乎余故深嘉顧生於是鈔之得見有幸慰焉而因慨然於古今之殊使四方者無陳詩

江陰縣志　卷[illegible]　藝文　序

觀風之實與禮之所謂太師卽大司樂者異已

清光绪《江阴县志》艺文卷载李联琇《江上诗钞序》

者”，千百年后，还有谁记得他们呢？所以，如果有人肯专心一意地搜集古人遗文，其功德也就等同于埋葬暴露在野的无名骸骨。如今，这一善举由顾念慈完成了。顾氏搜辑成《江上诗钞》，共有“百七十卷，万六千篇”，“均考证作者迹略”，“阐幽表微”，即便是一鳞半爪，也让后人得以领略前贤的风采。

李联琇称赞该诗集“采辑务备”，即照顾到各种体裁、各种风格，务求选辑完备。该诗集完全没有某些诗文选家“（赞）誉此、诋（毁）彼”，专门只选辑自己主观喜欢的诗的弊病。李联琇还称赞所选诗篇，“典雅冲澹、豪俊秾缛、幽婉奇险”，各种风格的诗句都运用得十分恰当，所谓“随所宜而各适其位”。李联琇又说，反复诵读这些诗篇之后，觉得自己飘飘然好像在攀崖登峰，与猿鹤同飞跃；蹈海弄波，与鼋鼍相嬉戏，所谓“如蹑千寻之巅，而猿鹤与飞也；如凌万顷之波，而鼋鼍与泳也”。

最后，李联琇以督学使者的身份说道：“采风吾职也”，而平时只顾着考试，所得也就不过仅是“制举文字（八股文章）一日之长”。至于那些默默潜心学问的人，都不会随便拿出自己的著作来炫耀世人。自己有心访求，也只能得到一二，而遗失八九。想不到顾季慈竟成此宏业，自己“采风”的愿望也得以真正实现。

学政李联琇的这篇《江上诗钞序》被收入光绪《江阴县志》艺文卷。

李联琇督学江苏，士林称颂，有“前祁后李”之说。祁指祁寯藻，李则李联琇也。

绿化君山的光绪帝师夏同善

夏同善（1831—1880），字舜乐，号子松，浙江仁和（今属杭州）人。咸丰六年（1856）进士，历官庶常馆庶子、詹事府詹事、兵部右侍郎、顺天学政。光绪元年（1875）起，与翁同龢一起担任光绪帝老师。四年（1878）十一月任江苏学政，六年（1880）七月病死于任上。

才学超群　光绪帝师

夏同善

夏同善幼年丧母，父亲续娶乌镇萧氏，萧氏对夏同善关怀备至，如同己出，夏同善则视继母如同生母，常随她住在外婆家，遍读外祖父所藏的典籍。夏同善二十五岁中举人，二十六岁进士及第，钦点翰林并赐“翰林第”匾。他念自己得以读书皆赖萧家，就把御赐的匾额挂在外婆家的大厅上。自此，翰林第成了乌镇最吸引人的古宅名居。

文章超群的夏同善被时人誉谓“在曾（曾国藩）、左（左宗棠）之上”。第二次鸦片战争期间，他坚决反对议和，主张备兵备民，严阵以待，并建议僧格林沁专守通州，以防不测。同年，太平军入浙，他奏请曾国藩统领诸军镇压太平军。他的这些建议被人们称作有眼力，能识人。

同治六年（1867）八月，夏同善被任命为江苏学政，就在此时，因继母病故，在家守丧，未能赴江苏就任。丧期服满复职后，升为兵部右侍郎，他建议朝廷扩大赈济、广开言路、清理庶狱。随后，担任了将近两年顺天学政。

乌镇东栅夏同善翰林第

不久，年仅十九岁、在位十三年的同治帝死于天花。四岁的光绪帝继位。慈禧太后十分赏识夏同善的才学，命他和同科进士翁同龢一起入值毓庆宫，辅导小皇帝识字、读书。夏同善以“学识谫陋”“土音未改”推辞，慈禧太后却非要他干。小皇帝很快就同这位夏先生建立起了师生感情，以至于后来夏同善调去当江苏学政时，小皇帝“为之不适者良久”。

当时，畿辅一带发生旱灾，夏同善上书请凿井溉田，以缓解灾情；山西、河南饥荒严重，他又请求移拨海防关税经费赈济灾民。视学江苏后，他曾上书备陈捐纳妨碍仕途，无裨国用，请罢各省捐局。次年，视察山东河务，对治理黄河下游水患，提出了“浚海口、直河湾、通支河”三大措施，并请拨机器局经费来治理黄河。

为民申冤　声名远播

在夏同善的为官生涯中，最令他声名远播的莫过于为民申冤，促成“杨乃武与小白菜”一案的平反。

这桩冤案发生在同治十二年（1873）十月，浙江省余杭县一豆腐

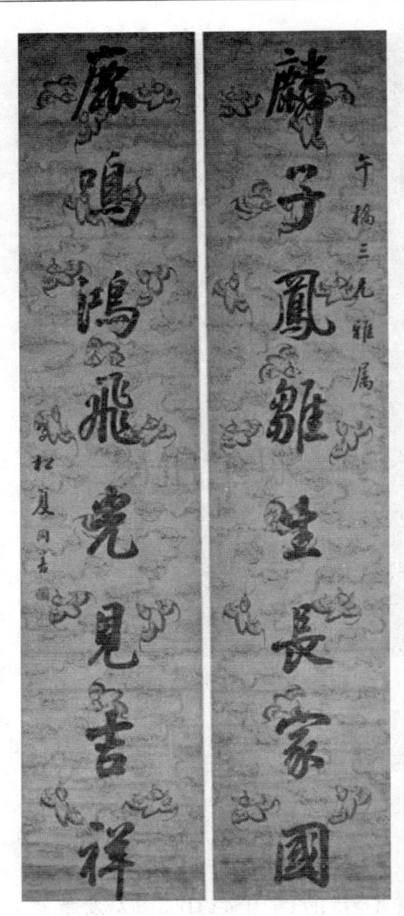

夏同善书法

店伙计葛品连暴病身亡，知县刘锡彤怀疑葛品连并非病故，而是因本县举人杨乃武诱奸葛妻毕秀姑（绰号“小白菜”），两人合谋毒死了葛品连。在重刑逼供之下，杨乃武与小白菜被屈打成招，双双投入死牢。这桩案件经杭州知府陈鲁报浙江巡抚杨昌浚。杨昌浚以为案情确凿，上报刑部批复执行。

就在该案上报审批过程中，杨乃武的胞姐杨淑英和妻子詹彩凤带着杨乃武在狱中写下的诉状，进京向都察院告状，结果被押送回乡。在著名红顶商人胡雪岩的经济资助下，杨淑英和詹彩凤二上北京，她俩找到浙江籍京官之首夏同善府上哭诉冤情。夏同善义愤填膺，当即允诺帮忙申冤，介绍她俩遍访在京浙籍官员，并指点她们向步军统领衙门、刑部、都察院投递冤状。夏同善又取得翁同龢的支持，两位帝师一起把本案内情面陈两太后。夏同善向慈禧太后建议，为了彻底查清真相，将杨乃武和小白菜提京审讯，并说，杨乃武是个读书人，此案如不平反，浙江将无一人肯读书上进了。此时，十八位浙江籍京官也联名向都察院呈词，要求查清这一案件。

慈禧太后最终采纳了夏同善的建议，由朝廷下旨，责令杨昌浚将此案所有卷宗、人犯和证人，连同葛品连尸棺一并押运到京。然后由刑部大审，都察院、大理寺会审，夏同善也亲自到堂观审。蒙冤三年多的杨乃武与小白菜一案终于水落石出，真相大白。与冤案有牵连的巡抚、侍郎、知府、知县等一大批官员被革职流放，杨乃武与小白菜被释放回乡。

这桩轰动全国的冤案在清末流传极广，而夏同善在这个冤案平反过程中所发挥的独特作用，使他以一个正直的清官形象，在民间广为传诵。

宽严有法　禁吸鸦片

光绪四年（1878）十一月，在江阴任职四年多的江苏学政林天龄病逝于任上，当月，朝廷宣布夏同善出任江苏学政，接替林天龄，翌年二月，抵达江阴。

夏同善字子松浙江仁和人咸豐丙辰進士光緒四年以
兵部左侍郎任江蘇學政首嚴鴉片煙之禁童生試結
中增並無吸食洋煙一語試生員按驗左手食指犯者
註劣士風丕振覆試日衣冠坐大堂覆閱正場卷佳者
命至案前指示瑜瑕誨誠諄諄一如師弟先是奉廷寄
巡閱黃山礮臺經君山至梅花書院故址慨然曰君山
乃江陰之主不宜荊莽荒涼出廉俸往蘇浙采備松秧
三萬餘株滿山栽種商請淮軍總統唐定魁派兵巡駐
至今幽鬱青葱蔚然深秀者皆其遺蔭也六年歲試本
棚以勞卒

民国《江阴县续志》载《夏同善传》

在这前后，身为兵部右侍郎的夏同善奉旨考察江南沿江各炮台，他先后巡查了镇江的焦山、象山炮台，靖江的十圩港、刘沙卫、天生港炮台，江阴的鹅鼻嘴、大小石湾、黄山嘴等炮台，然后将沿途查看的情况上奏朝廷。他认为，就长江江防形势而论，吴淞口为苏松门户，江阴为长江咽喉，除了最关紧要的这两处之外，其余的似可置而不修，以节省经费。他建议沿江各督抚以后无须增建新炮台。

夏同善是一个责任心很强的人，据《夏侍郎年谱》记载，他认为“学校为人才根本，既任事，首以振兴士习为务”。每当考试的时候，他总是衣冠楚楚，正襟危坐于大堂之上，认真地监视考场秩序。考试结束，他覆阅正场卷昼夜不息，一旦发现佳卷，他会情不自禁地拍案叫绝，兴奋不已。到了发落的那一天，他会把“佳者命至案前，指示瑜瑕，诲诫谆谆，一如师弟”（民国《江阴县续志》）。

当时，鸦片的毒害在各地泛滥成灾，从富绅、官员到士兵、读书人已吸烟成风。夏同善对此深恶痛绝，他到了江苏之后订立《戒烟章程》十二条，颁发各学，严令禁止士子吸食鸦片。每次考试前，他都要派人逐个检查考生的左手食指，凡查到有吸食鸦片痕迹的，经过调查取证核实后，在其履历档案中注为劣等。考虑到有些鸦片吸食者要想戒烟，却得不到戒烟善方药，夏同善便将觅得的戒烟良方提供给他们，收到了很好的效果。

夏同善去世五年后，江苏学政王先谦曾经这样称赞他的这位前任："侍郎待士宽严有法，至今人犹诵之。"

疏浚城河　植松君山

夏同善在江阴期间除了履行学政职责，还为地方上办了一些实事。他看到江阴城外的护城河因多年没有疏浚，一些淤塞的河段影响了船只的正常航行，便会同江阴知县李文耀、领兵驻扎江阴的福建陆路提督唐定奎一起商定，由县府筹集疏浚城河的资金，唐定奎调派士兵承担土方任务，夏同善自己为疏浚工程捐出俸银四百两。自光绪五年（1879）冬开工，第二年春竣工。疏浚后的河道状况大为改观，来往船只由此畅行无阻。

江阴中山公园江苏学政衙署遗址夏同善铜像（沈俊鸿摄）

夏同善刚到江阴奉旨巡阅沿江炮台时，曾路过北外的君山。此山虽不高，却被旧志称之"为一方之大观，列郡之雄胜"，向被列代文人墨客所称颂，留下众多遗址古迹。当夏同善来到梅花书院故址，看到历经战事的荒山上光秃秃的，没有什么树木，不由得皱起眉头，慨然曰："君山乃江阴之主，不宜荆莽荒凉。"（民国《江阴县续志》）事后，他捐出自己的俸银，派人去苏浙山区采购松秧三万六千株（一说五万两千株）。松秧运回来后，夏同善亲自登上君山，同当地百姓和黄山驻军一起，满山栽种。据《江阴县续志》记载，为了确保松秧栽下后成活，免遭损坏，夏同善还同驻扎在黄山的提督唐定奎商量，请他“派兵巡驻”。多年后，君山上松树成林，“幽郁青葱，蔚然深秀”。

光绪六年（1880），恰逢夏同善五十岁生日，同僚、友朋有的馈赠礼品，有的赋诗作文相贺。夏同善将礼物全部退还，他读了那些贺寿诗文，自谦道：“吾何以当！惟当益自策励，期副朋好之相勖耳！”又谕戒子辈：“时事孔艰，正我辈惕励之日，家中人宜体此意，勿多一事，勿费一钱！”不久，夏同善积劳成疾，于当年七月“变泻为痢”，医治无效，在江阴学署去世。据《清史稿》记载，远在京城的十岁小皇帝光绪“闻之遽泣”。江阴百姓感念夏同善绿化君山的功绩，特地将君山称为“夏公山”。

徐再思在《澄江旧话·学署》一文中感慨道：“观乎学使在任时上月考甲府，下月考乙府，终年不息，竭尽舟车之劳，考试之日，点名阅卷，往往通宵达旦，任学使者，殊觉劳苦不堪也。”林天龄、夏同善及林天龄的前任马恩溥，连续三任学政相继病逝于任上，可见任学使者，的确“劳苦不堪也”。

南菁书院创始人黄体芳

黄体芳（1832—1899），字漱兰，浙江瑞安人。同治二年（1863）进士，会试中获第一名，选为翰林院庶吉士，不久，授翰林院编修，此后，又升至侍读学士。先后任福建学政、山东学政，光绪六年（1880）任江苏学政，任内升内阁学士，后又任兵部左侍郎，在江阴创办南菁书院。十一年（1885）离任后，因弹劾李鸿章被降职。后曾主讲于敬敷、信陵、文正等书院。

恪尽职守　弘扬忠烈

光绪六年，江苏学政夏同善因劳累过度，猝死于任上，担任詹事府少詹事的黄体芳被任命为江苏学政，同年赴江阴接任，第二年，升为内阁学士。

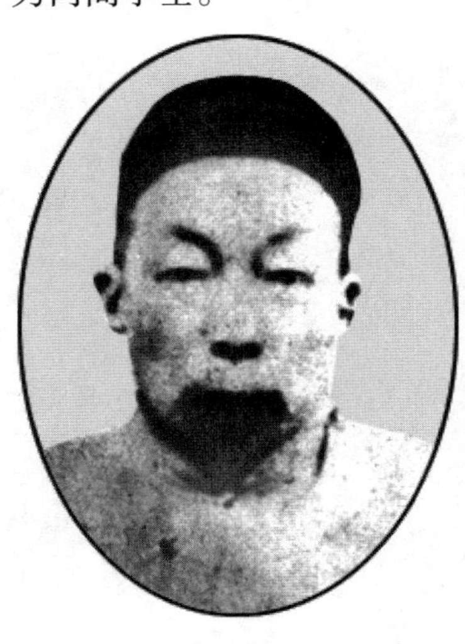

黄体芳

作为拔取江苏全省八府三州秀才的主试官，黄体芳严肃峻厉，恪尽职守。以往考秀才，要先经本县县试五场，由县列名送府，再经府试五场，由府列名送学院考试，本来学院考试只须一场就可定局，而办事认真的黄体芳却打破常规，增加一场当堂面试。这样一来，要考两场才能定下来，对于考秀才的童生来说，无疑平添了一道关隘，一时间怨言纷纷，甚至有人将这一新规定称为“酷例”。而黄体芳自己则认为，这样做有利于选拔真才实学者。

江阴城内大街虹桥西侧，原先有一座睢阳庙，始建于明朝弘治年间。由于年久失修，到清代光绪年间，睢阳庙已破败不堪，黄体芳在江阴担任学政期间，为表彰忠烈，特地倡议修缮睢阳庙，其费用除了由他手下书房集资外，其余由他捐资相助。庙修整后，他亲自撰写了两副对联，悬挂堂上："男儿死耳复奚言，若论唐室功臣，四百战勋劳，岂输郭李；父老谈之犹动色，敢吁扬州都督，亿万年魂魄，永奠江淮。""无饷又无援，临淮张乐，彭城拥兵，叹偏隅坐困将才，自古英雄干众忌；能文斯能武，操笔成章，诵书应口，幸试院近依公庙，至今灵爽牖诸生。"这两副对联颂扬了唐代睢阳保卫战中张巡等人的历史功绩和浩然正气。

光绪八年（1882），黄体芳在江苏学政任上，被授以兵部左侍郎，这年他正好五十周岁。据《江阴县续志》记载，淮军、湘军驻江阴的两位统领得讯后，"各以条金二百为寿"，巴结这位新任兵部左侍郎，而黄体芳"力拒之"，两位统领死缠硬磨，非送不可，黄体芳就将这笔礼金捐往山西，用于赈灾。

集资兴学　创办书院

就在这一年，黄体芳学政任期届满，因他文名卓著，在文人学子中声望颇高，光绪皇帝特地下令对他破格留任。接到留任的命令后，黄体芳为回报圣恩，培育人才，倡议集资在学政所在地江阴创办一所书院，为士子趋向实学提供一个场所。

黄体芳先去找了两江总督左宗棠，向他谈了自己的计划。戎马一生的左宗棠对教育非常重视，全力支持他创办书院，当即划拨江阴城内中街的一块地皮作为书院院址，那里原先是长江水师京口营游击衙署旧址。然后，左宗棠又个人捐银一千二百两，作为建院经费。

左宗棠带了头，江苏、安徽、江西、湖北四省巡抚及福建提督、两湖总督等各级官员也都纷纷解囊捐助，黄体芳自己也捐献银洋三千

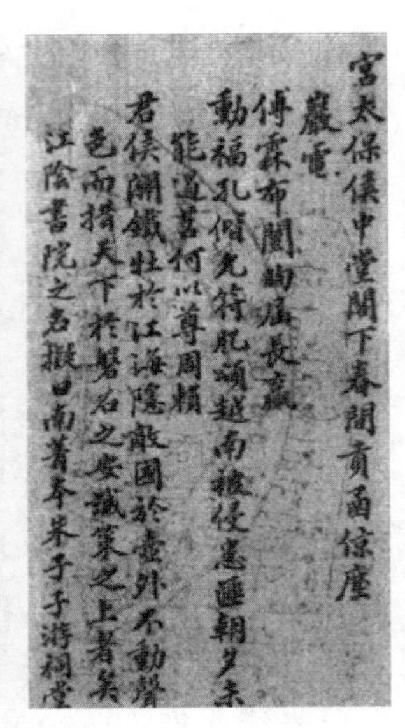

宮太保侯中堂閣下春閒貢函悰塵
嚴電
傅霖布閣鉤履長贏
動福孔偕先特肥頤越南被侵憲匯朝夕未
能遑甚何以尊國賴
君侯關鐵牡於江海隱敵國於壺外不動聲
色而措天下於磐石之安識策之上者矣
江陰書院之名擬曰南菁本朱子子游祠堂

記吳公豪傑之士南方之學得其菁華云云
未知當否亦本告成數敷是急已聘定南匯
張歗山明經文虎假於七月中旬開館明經
史專家旁及地輿疇術著撰風行士林山仰以
之導啟後秀陶鑄之益當有可觀院中備書以
多為貴現江西浙江山東三省局刻均已解致
槧然備列惟武昌局本未得購羅務請
鈞爻到鄂調取各種俾補牙籤之缺不勝幸甚

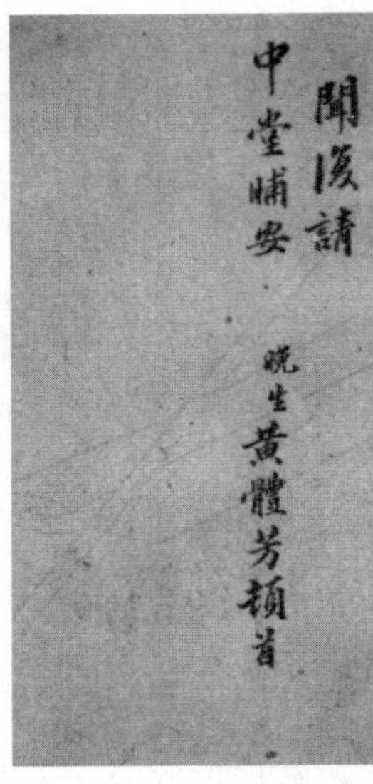

閣後請
中堂晡安
晚生 黃體芳頓首

黄体芳就创办南菁书院事宜致左宗棠信札

江苏省南菁高级中学实验学校（原南菁书院旧址）南校门（沈俊鸿摄）

元，总共募到七千六百两银子及八千六百元银洋，为书院的建造和开办奠定了坚实的经济基础。

院址和经费落实后，黄体芳委派地方人士曹佳具体负责建院工程，并于当年九月开工。第二年春天，黄体芳趁去松江府主持岁试的机会，拜访了著名学者张文虎，邀请他担任书院院长。到了六月，校舍全部竣工，主要建筑有讲堂、藏书楼、宿舍和供学员观察天文的观星台。

六月十五日，黄体芳就书院相关事宜致信左宗棠，他在信中就书院院名同左宗棠商量道："江阴书院之名拟曰'南菁'，本朱子《子游祠堂记》'吴公豪杰之士，南方之学，得其菁华'云云，未知当否？"他告诉左宗棠，已聘定经史专家、南汇张文虎主讲席，"拟于七月中旬开馆"。为了丰富书院藏书，在这之前，左宗棠已咨会赣、浙、鲁、鄂等省的官办书局，发书给江阴这所新书院。黄体芳在信中说："院中储书以多为贵，现江西、浙江、山东三省局刻均已解致，粲然备列，惟武昌局本未得骈罗，务请移文到鄂调取各种，俾补牙签之缺，不胜幸甚。"黄体芳还请左宗棠为讲堂撰联、题匾，赐跋语数行，并附上自己为讲堂所拟联："东林讲学以来，必有名世；南方豪杰之士，于兹为群"，以及为藏书楼所拟联："东西汉，南北宋，儒林道学，集大成于二先生，宣圣室中人，吾党未容分两派；十三经，廿一史，诸子百家，萃总目之万余种，文宗江上阁，斯楼亦许附千秋"。请左宗棠为他斧正。

灵活办学　教研结合

七月上旬，张文虎来到江阴，黄体芳的办学思路与他一拍即合，两人商定，书院传授经、史、辞章等实实在在的学问，不教应付科举考试的八股。他们将书院的专业定为经学、古学两大类，经学中包括文字、音韵、训诂等课程，古学则囊括各种有价值的传统学问，上至天文，下至地理，突出文学和史学，包括古版本的校勘学和考据学等。

这年秋天，南菁书院开课，首批进入书院的九十四名学员，是黄体芳从全省各县岁考、科考的秀才第一名中选调的。书院的学员称为课生。除了住院的内课生外，还有走读的外课生。为了鼓励课生安心

江阴中山公园江苏学政衙署遗址黄体芳、左宗棠对弈雕塑（沈俊鸿摄）

研习，黄体芳规定，内课生入学后每月发给生活费五千文，后增加到七千文。他还要求每年举行十次月考，前十名发给奖优金。外课生应试成绩名列前茅的同样发给奖金，但不发生活费。

黄体芳办学具有灵活性，课生入院不受身份、年龄限制，但标准很严格；专业自选，可以考经证史，也可以文理兼修，允许跨专业研习；课生在院期限自定，一般三年或四年，也可以不足三年或超过四年。黄体芳创办书院的目的是要培养课生掌握真才实学，所以学习、进修都要求致力于专精，每年通过考核，对课生进行一次甄别，以确定他们的进退。书院贯彻教学与研究紧密结合的方针，研习方式以自学为主，院长、老师指导和解惑为辅。每月初一、月半，院长在讲堂讲学两次，平时课生遇有疑难问题可以随时请教。为便于课生自修，藏书楼整天开放，供课生阅读。

等到书院教学走上正轨后，这年十一月二十四日，左宗棠就创建南菁书院的宗旨、意义及专业设置等有关事宜，正式上奏光绪皇帝。他奏请皇上准拨两淮盐银两万两，以存入钱庄的利息作为书院山长的薪水及课生的生活费和奖学金。

黄体芳在江阴前后当了五年学政，光绪十一年（1885），他的第二个任期届满。此时，他一手创办的南菁书院已粗具规模，成为培养人才的摇篮。

清流健将　谏臣风骨

学识出众的黄体芳，早在翰林院期间就有才子之美誉，又因为他清廉耿直，喜言国是，经常上书抨击时弊，弹劾权贵，成为朝中清流派的一员健将。他是清末“翰林四谏”之一，《清史稿》中写他“自是劾尚书贺寿慈饰奏，俄使崇厚误国，洪钧译地图舛谬，美使崔国英赴赛会失礼，皆人所难言，直声震中外”。可见其影响之大。

南菁创始人黄体芳塑像

然而，这位风骨峻厉的谏臣，因他痛贬时政触犯了当权者的旨意而遭到打压。据《江阴县续志》记载：“体芳刚正廉明，不避权要。中法构兵，谅山战捷，遽议和。彭刚直玉麟适巡阅江阴，相见对哭。任满，未及覆命，具疏劾李鸿章，降通政使。”

原来，就在黄体芳学政任满的这年三月，驻守在广西镇南关的老将冯子材率部大败法军，收复谅山，仗虽然打胜了，李鸿章却妥协求和，与法国签订了丧权辱国的条约。黄体芳对于李鸿章推行软弱退让的外交政策极不满意，当兵部尚书彭玉麟来江阴巡阅时，两人不由得悲愤交加，“相见对哭”。任满回京后，黄体芳愤而上疏，弹劾李鸿章，结果，被降职。

“男儿未遂平生志，且乐高歌入醉乡。”嗜酒善饮、自称“醉仙”的黄体芳报国无门，壮志未酬，自此“益豪于酒”。光绪十七年（1891）告病辞职后，他在京城闲住了数年，便返回故里，取了个自谑自嘲的别号“东瓯憨山老人”。他常常喝得酩酊大醉，并将自己的家乡瑞安比作“醉乡”，写下《醉乡琐志》一书。

晚年，黄体芳曾应邀赴外地，先后主讲安徽敬敷书院、河南信陵书院、江宁文正等书院。光绪二十五年（1899），黄体芳在故乡逝世，享年六十七岁。江阴人民十分怀念他，南菁书院特地在藏书楼供奉了他的牌位，每年都要举行祭奠，以纪念这位书院的创始人。

情系江阴的学政王先谦

赵　统

王先谦（1842—1918），字益吾，湖南长沙人。因他中年卸官后隐居长沙乡间时，给建在城东北隅的住宅取名为“葵园”，所以后来学者都称他为“葵园先生”。光绪十一年（1885）以国子监祭酒督学江苏。在江苏三年，培养人才之众，提倡学术之盛，历任学政无出其右。

儒林文苑

王先谦出身贫寒。二十岁（咸丰十一年，1861）时，父亲病亡，家徒壁立，糊口无资，不得已，入长江水师向导营，职司文书，先后随军驻扎安徽、湖北各地。同治四年（1865），中进士，时年二十四岁。选庶吉士，入翰林院。先后授翰林院编修，詹事府右中允，国史馆总纂，翰林院侍讲、侍读，日讲起居注官。光绪六年（1880），升国子监祭酒。

王先谦

在十多年清闲的翰詹京官生涯中，王先谦始终在追求学问，钻研学术。在国史馆编纂成《东华录》二百卷，《东华续录》四百十九卷，自努尔哈赤至同治，十朝史迹，灿然大备。还常参与抡才大典，主持云南、江西、浙江三省乡试，两充会试同考官，搜罗人才，不遗余力。王先谦也十分关心朝政，屡次上疏议论国事，弹劾大臣。

《清代学者像传》
中的王先谦像

光绪八年（1882），因母亲去世，归乡守制。编纂《续古文辞类纂》成，刊之湘中。十一年（1885）服丧期满，进京补国子监祭酒旧职。就在这一年秋，受命出督江苏学政。王在江苏三年，刻书育才，深得江苏士子爱戴。

光绪戊子（1888）三月，王先谦离学政期满还差半年，在江阴学署上一奏折，请求惩戒为慈禧太后宠信的太监李莲英，疏上不报。于是王先谦于十月卸任，即请假回乡修墓。明年己丑（1899）二月假期已满，便呈请湖南巡抚代奏开缺，从此，便永远脱离官场，而将全副精力都扑在了学术研究和刊印书籍上，该年，王先谦四十八岁。

王先谦在家乡曾主讲过岳麓书院和城南书院，弟子遍湘中。平时一意撰述，每日著书不辍。其著述有《尚书孔传参正》三十六卷、《三家诗义集疏》二十八卷、《汉书补注》一百卷、《后汉书集解》一百二十卷、《新旧唐书合注》二百二十五卷、《元史拾补》十卷、《荀子集解》二十卷、《庄子集解》八卷，至今都是学术界不可或缺的研究资料。王还著有《五洲地理图志略》三十六卷、《日本源流考》二十二卷、《外国通鉴》三十三卷，可见王先谦学养之大之广。其撰集与校勘之书，如《合校水经注》等十数种亦誉满学林。

后来学者对王先谦的学术成就推崇有加，如罗继祖就说：“王葵园木天隽望，迭司文柄，寝馈撰著，几乎等身，求之清末儒林、文苑，几以一身兼之矣。”

南菁刻书

王先谦江苏学政上任伊始，就立即发给江苏士子《劝学琐言》一本，指导他们如何研究学问，并对各学（府学、县学）分配了学术研究任务，要求他们为《尔雅》《说文》《文选》《水经注》四种经典作集注。然而此四种集注当时未能有成，因为王先谦此时已把全部精力投入到编纂《皇清经解续编》（简称《续经解》）的工作中去了。

早在王先谦督江苏学政之六十年前，即道光五年（1825），著名学者仪征阮元在两广总督任内，就在广州学海堂内刊刻《皇清经解》，至道光九年（1829）刻成。该丛书共收七十三家，著作一百八十三种，计一千四百卷，凡清初至嘉庆年间著名的经学著作，搜罗略备。但是，由于受到时代与地域的局限，仍不免有遗珠之讥。嘉道以还，至同光年间，经师辈出，经学著作又成汗牛充栋之势。因此，早就有学者想仿阮元而续编《经解》，然终难如愿。然而，此事王先谦做到了。

王先谦于光绪十二年（1886）奏准在南菁书院设立刻书局，用两年多的时间，刻成《皇清经解续编》，共收录清人经学著作两百零九种、一千四百三十卷。以明末清初的顾炎武《九经误字》开始，至清末的林颐山《经述》为止。（《续经解》在南菁书院刊刻之时，林颐

王先谦创设的南菁书院印书局印行的书籍

山正在王先谦学幕中，并助其师黄以周在南菁书院教习古学。）

因《续经解》在南菁书院刻成，故又称《南菁经解》，它与阮元在广州学海堂所刻的《皇清经解》（又称《学海堂经解》），合称《正续皇清经解》。清代学人的治学成绩，大都可从这两部经解中反映出来。

《续经解》刻成后，王先谦利用余力又刻成另一部丛书，因为如同《续经解》一样，刻板都存放在南菁书院，所以取名为《南菁书院丛书》。丛书的取录标准是“专录国朝，非有俾考订者不入”，只收录清人的经史著作，而不收文学著作。丛书分八集，共四十一种，一百四十四卷。其中四、五两集，是南菁书院的高才生所撰述。

王先谦在南菁书局还刻有《清嘉集》初、二、三编，是王先谦在学政任上岁、科两试中将考生优秀作品编纂而成的集子，名为《清嘉集》，是取西晋文豪松江陆机《吴趋行》诗中“土风嘉且清”句的旨趣。

王先谦又刊《江左制艺辑存》，收录嘉庆以来江苏士人的制艺名作。先由常熟张瑛编选，最终由王先谦辑定并为作序。

王还刊刻周寿昌《思益堂集》。周寿昌是王先谦的老师，也是湖南长沙人。据王称，该书是与瞿鸿禨共同捐赀刻成的。是年，瞿鸿禨正在浙江学政任上。但王、瞿两人大概都没有想到，十年后，瞿竟亦来江阴出任江苏学政。

王先谦在江苏学政任上所刻书籍，尤其是《南菁经解》，至今仍是学术界研究传统文化的基本典籍，王先谦为传播研究传统的学术文化作出了巨大贡献。

寄园情缘

王先谦在江阴留下了《南菁经解》这部文化典籍，还重修了“寄园”这座具有深厚文化积淀的园林。

江苏学政衙署内有一内花园，原为明万历年间邑人季科所筑，名“清机园”。数十年后，季氏家道中落，便将清机园割让给江苏学政内

江阴中山公园墨华榭王先谦《和骆公骎曾存雪亭元韵》诗碑拓本

署，园中名胜古迹甚多。嘉庆十八年（1813），工部侍郎陈希曾（江西新城人）视学江苏，因季科曾著有诗文集《寄寄堂稿》，陈希曾便将署内花园起名为“寄园”。

二十多年后，户部侍郎祁寯藻于道光十七年（1837）督学江苏，于夏日公事之余，常与江阴暨阳书院山长李兆洛和学署幕友苗夔、张穆等学者宴集寄园，诗酒文会，商榷学术。时祁寯藻的儿子祁世长也侍奉于侧。祁氏父子对江阴感情很深，对生活了两年多的寄园，更是念念不忘。祁寯藻回京师任军机大臣后，还画了一张《寄园消夏图》纪念此事，并将当年在寄园所作的数十篇诗歌，亲自书写于图后。

王先谦还在京师时，他的老师，时任左都御史的祁世长，就经常向他讲述江阴寄园的往事，所以从未到过江阴的王先谦，也从老师口中“具知当日园中亭舍之美与景物之丽”。如今王先谦来江阴，距祁氏父子在江阴日又三十多年过去了，所见到的寄园却是满目荒凉。王先谦称：“暇日周览其地，则垣墉颓夷，芜秽盈溢，一池之外，悉无存者。”原来，经过太平天国战乱，江阴学署全部毁于兵燹。乱平后，虽重建学署，而寄园废弃如故。战乱后，重新迁回江阴的首位学政童华就这样说过：“台榭池沼，非公署之必需，可任其废圮者”，可能主要是经费难筹。王先谦愀然伤之，又感念祁公对江阴的一往情深，于是，决定自出薪俸，修复寄园。“经始光绪乙酉仲冬，落成于丙戌季春”，共花了四个月的时间，此时距陈希曾改名“寄园”已七十多年了。

江阴中山公园江苏学政衙署
遗址王先谦铜像（沈俊鸿摄）

王先谦在寄园北隅筑“永慕庐”，供奉他的父母遗像于其中，朝夕瞻拜。又建一堂曰“虚受”，为其朝夕读书游憩之所。王先谦晚年为其所作诗文，取名《虚受堂诗文集》，其源盖出于此。王先谦还专门写过一篇《重修寄园记》，内中描写道：“‘存雪’‘列岫’诸亭，并仍其旧。增置廊、榭，以延揽景光。缀以梅坞、竹径，间以菊圃、菜畦。奇石列秀，嘉树环植。菡萏盈陂，与水相鲜，而园之胜亦略具矣。”

王当年重修寄园时，曾在地下发掘出前任学政及其幕友所作诗文的碑刻数十块，王就将它们集中整理，镶嵌在走廊的内壁上，并为该碑廊题名为“墨华榭”。王也作诗一首《和骆公骎曾存雪亭元韵》，录如下：

光绪丙戌夏，重葺寄园，发土得数十前贤所为诗记在焉，第其时列于壁间，因和骆公骎曾存雪亭元韵。

剔开点点藓苔斑，坐对岩岩冰玉颜。
文字未磨千古劫，园林谁放廿年闲？
从看墨妙亭重筑，一笑连城璧竟还。
勿使黄尘仍涴石，长教紫气镇浮关。

今中山公园还有“墨华榭”遗存，但游人足迹罕至。抚今慨昔，不禁杜撰一首打油歪诗，以结束本文：

“墨华榭”廊今无恙， 只是不见虚受堂。
笑看广场大妈舞， 葵园老人乐无央。

晚清重臣瞿鸿禨

赵　统

瞿鸿禨

瞿鸿禨（1850—1918），字子玖，号止盦，湖南善化（今长沙）人，晚清重臣。以翰林起家，历主河南、福建乡试，先后出任河南、浙江、四川、江苏学政。在江苏，将南菁书院改为高等学堂。光绪二十六年（1900）起，官左都御史、工部尚书，进入朝廷中枢，任军机大臣、外务部尚书、协办大学士，秉持国政七年。于光绪三十三年（1907）因事开缺回籍。清亡，寄寓上海，死后葬于杭州。

督学江苏三年

瞿鸿禨出身于官宦富庶之家。自幼聪颖异常，父亲又督责严厉，十五岁，就读完五经。十七岁入府学。肄业于长沙著名的城南书院，先后受到院长何绍基、郭嵩焘的激赏。同治十年（1871）成进士，才二十岁刚出头。接着入翰林院，授编修，真是少年遂志，春风得意。朝中又得李鸿藻等大僚的器重，光绪元年（1875），便超擢翰林院侍讲学士。传说，瞿鸿禨被召见时，两宫皇太后觉得瞿的相貌有点像刚去世不久的同治帝，慈禧太后“语及穆宗，泫然泣下”，并殷殷垂询瞿的家世，奖勉交至。

在以后的十多年中，瞿鸿禨常被外放考差或学差，先后出任河南乡试正考官、河南学政、浙江学政、福建乡试正考官、四川学政。光绪二十五年（1899）八月，瞿以詹事府詹事出督江苏学政。

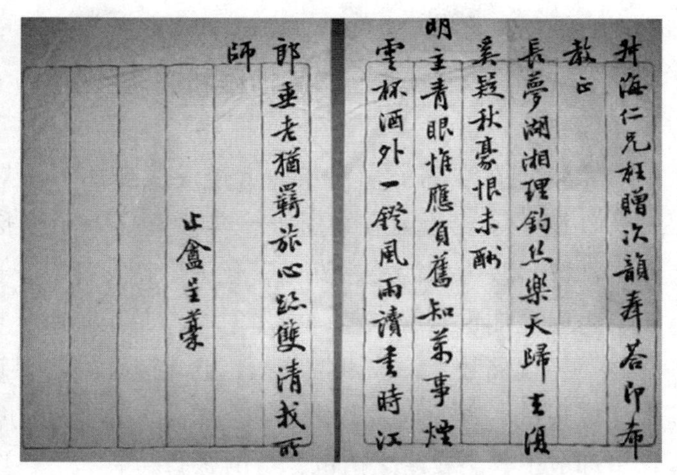

升海仁兄社贈次韻奉答即希
教正
長夢湖湘理釣絲樂天歸去復
奚疑秋高恨未酬
明主青眼惟應負舊知萬事煙
雲杯酒外一鐙風雨讀書時江
郎垂老猶羈旅心跡雙清我所
師
止盦呈稿

瞿鸿禨书法

瞿鸿禨“校士严峻”，“律下尤严”，令人生畏，使得某些考生心怀不满。如江阴考生殷葆諴在《追忆录》曾有记载，称他参加南菁书院的甄别考试时，瞿还加派跟丁随同对号，对于有作弊嫌疑的考生，“甚或扭衣掣辫，如叱囚徒，有数人扭至堂上罚跪”。但为保证考试的公正公平，瞿的措施，在当时也算不得过分。

瞿鸿禨督学江苏的最后一年，即光绪二十八年（1900），江阴蝗灾。瞿在《庚子初秋江阴蝗》一诗中写道：“昨闻淮北久渴雨，蝗飞蔽天害农圃。倏惊遗孽过江来，接影晴空摩翅股。”

飞蝗渡江，繁殖极快。蝗灾触目惊心，本来麦黍待收，竹树青葱，然而，自蝗所至，一片焦土，“秃苗败叶成焦土，四郊禾稼更无余”。瞿鸿禨虽无守土牧民之责，但亦有大僚安民之谊。面对百姓困苦，瞿鸿禨心急如焚，然又无可奈何，“头垂涔涔困溽暑，仰看群飞不可收”。更令这位江苏学使忧心忡忡的，是庚子年京师的剧变：“同类相屠甚豺虎，跖肝人肉命草芥。”在瞿鸿禨的眼中，比起蝗灾，京城中的不法之徒对百姓的伤害更为残忍。也许正是时局的危急，使得瞿鸿禨想有所作为，便提前两月告假回籍，离开了江苏。

同情维新变法

瞿鸿禨在江苏督学三年，适逢戊戌变法，瞿对变法的态度如何呢？江阴士子吴增元在事过五十年后在《八十回忆录》中说：“是年，江苏学政为瞿鸿禨，湖南善化人。初接任时，谒座，例召集廪生讲书，尚是注重八股试帖，痛斥时政，甚至指斥《申报》等为不可读之物。乃仅隔数月，岁试按临，口吻大变，对各县讲书之廪生，谓须多阅读报纸。善化人诚善化人。”善化，本是瞿的籍贯，即今长沙，这里却成了善于权变之谓也，可谓恶谑。

其实，瞿绝非如吴所称的那样善变。瞿鸿禨本人就十分同情康梁变法，其湖南友朋中就有不少维新派人士，如谭嗣同、唐才常、杨毓麟（笃生），都先后为变法图强而献出了生命。杨毓麟还曾于己亥年（1899）入瞿的学幕。因此，当光绪下诏维新变法时，瞿鸿禨立即响应，将南菁书院改为高等学堂。又因南菁书院本有数万亩沙田的院产（今上海之横沙岛），特上奏朝廷请求开办农学。同时购买农业机械，聘请美国农艺师。后因慈禧发动政变而一切作罢，但他仍不避嫌疑，竭诚延聘维新派人士丁立钧出掌南菁书院山长。另外，又据南菁课生吴江的钱自严回忆，“瞿学台曾保护课生，批掉苏州府送来拟逮捕因为响应戊戌维新的课生的案卷”。如果不是瞿鸿禨的保护，那些响应变法的南菁院生极有可能会遭到不测。

瞿鸿禨在江苏学政任内，升内阁学士，又升礼部右侍郎。光绪

瞿鸿禨书法

1910年春瞿鸿禨（前排左一）在老家长沙宅超览楼前与（前排左二起）余肇康、王先谦、王闿运、黄自元、村山正隆等合影

二十六年（1900）八月，升都察院左都御史。请假告归后，十月补工部尚书。当时慈禧、光绪因八国联军入侵北京已逃至西安，瞿此时由江阴转道家乡长沙，再赶赴西安。因荣禄、王文韶等大臣的荐举，瞿在军机处大臣上行走，又命为政务处大臣。当总理各国事务大臣衙门改为外务部时，瞿即任命为外务部尚书。《清史稿》称："时方与各国议和，鸿禨视事明敏，谙究外交，承指拟谕，语中窍要，颇当上意焉。"瞿鸿禨后又授协办大学士。

朝廷于光绪三十三年（1907）五月，突然降旨，瞿鸿禨开缺回籍。其中缘由，众说纷纭。一般认为是瞿密疏弹劾怙权贪黩的庆亲王奕劻，反被奕劻与袁世凯合谋，嗾使他人上疏弹劾瞿鸿禨"揽权恣纵"。此举正中慈禧的心病，因瞿鸿禨曾在太后面前"解譬戊戌时事，谓宜因庆典大赦党人，以收人心"。确实，根本的原因在于瞿鸿禨同情康、梁而遭大忌。

瞿鸿禨六十八岁摄于上海寓园

瞿鸿禨在中枢六七年，“尤矜清操，遵故事，不宴客，不投谒，严拒干请”，难能可贵，正是书生本色。瞿开缺回籍后，在长沙家居数年。辛亥革命起，瞿全家流寓上海，在苏州河畔筑超览楼，为息影之所。民国七年（1918）病逝，葬于杭州。

瞿的学问很好，所著《汉书笺释》卷，多为王先谦纂《汉书补注》时所采用。另有诗文集等多种存世。

寻考寄园旧迹

瞿鸿禨初拜江苏学政之命，便作诗一首《奉使江苏》：“吴越封疆一苇间，十年长梦别烟鬟。天风吹我乘槎去，看遍江南两岸山。”江苏、浙江本一水（太湖）之隔，十年前曾督学浙江（时督学江苏者为同乡王先谦），今又来江苏，如游故地，喜悦之情溢于言表。

瞿鸿禨进驻江阴学署，初春时节，赏玩署中寄园风景，口占七绝《坐使署香雪亭》：“西园水竹共三分，却被梅花占尽春。谁识此中香雪海，一鸥我作主盟人。”寄园中的香雪亭原为王先谦十年前重修，瞿鸿禨本就是学问中人，今临故友曾游之地，不禁对寄园的往事现状也发生了一点考证的兴趣。后来，因在署中发掘出一块石碑，便写了一篇《使署西园记》记叙此事。

原来，瞿鸿禨在学署中观看王先谦所建的“墨华榭”，中有一石，上刻“寄园八咏”，但不全，也不知道作者是谁。于是，瞿鸿禨断定这“寄园八咏”应是分刻在两块石碑上，王先谦只找到了一块，应还缺一块。瞿觉得很遗憾。没有想到，到瞿鸿禨离任的那一年，学署中竟然出土了所缺的“寄园八咏”的另一块石碑，瞿大喜过望，经清洗后发现，八首诗为嘉庆十八年出任江苏学政的陈希曾所作，其侄陈延恩所书。陈希曾就是将“季园”改为“寄园”者；陈延恩则于道光年间曾任江阴县令，任内主修《江阴县志》（暨阳书院山长李兆洛主纂，该志被认为是一部名志）。石刻“寄园八咏”诗的后面，还有道光十七年出任江苏学政的祁寯藻所作的跋，跋写于道光二十年（1840），祁离任的一年，也是道光《江阴县志》刻成的一年。

瞿鸿禨这篇《使署西园记》是由夫人傅氏用隶体书写，镌刻勒石，今尚存，已有吴文达老先生抄录并释文。

瞿鸿禨离开江阴十多年后，于1915年写有《江阴杂感》六首，其第二首专门回忆江阴督学三载的往事，情深意切，至老不忘。录如下：

江阴往轺传，游息逾三霜。中男才十龄，幼者嬉扶床。骎骎各有室，孙枝略成行。西园拱把木，定到参天长。飞帆重经过，陈迹已苍茫。故垒存依稀，人事不可常。眼中沧海波，化作平田桑。

诗的大意是：往年督学江苏，在江阴游（出棚四出按临）息（署中休憩）三年。那时，第二子才十岁，幼子则刚刚学会走路，已能扶床嬉戏。想不到十五年过去，儿子们都已娶妻生子，眼前孙儿都已成行，但仍不能忘情江阴学署的寄园，想来，那时两手即能合围的幼小树木，现在一定长成参天大树了。如今，长江乘船重新经过江阴，古城陈迹已是苍茫一片。江边故垒依稀能见，然而世事沧桑，物是人非。沧海滔滔风波，在我眼中，早已化作了平静的桑田。

其实，诗中的最后两句实是愤激之言，丁未（1907）开缺回籍，胸中的不平，岂能以“沧海桑田”一语就能掩饰得过去？诗中的“幼者”，即著名学者瞿蜕之，但少为人知。

1948年端午节，原江阴南菁书院课生南通孙儆、泰兴杨体仁、吴县单镇、青浦戴克宽等瞿鸿禨门生及瞿之子侄瞿宣颖等，共十七人，在上海举行“怀超社”第四次诗文集会，此时距瞿鸿禨去世已三十年了。“怀超”者，怀念超览楼主人瞿鸿禨也。

革新教育的末任学政唐景崇

唐景崇

唐景崇（1844—1914），字春卿，广西灌阳人。同治十年（1871）进士，授编修，由侍读经四次升迁，官至内阁学士。历任兵部、礼部、工部、吏部侍郎，左都御史，浙江、江苏学政，宣统二年（1910）升任学部尚书，第二年责任内阁成立，改称学务大臣。辛亥革命后，袁世凯总理内阁，仍命他掌学部，称病告归。

主持会试　空留遗憾

唐景崇出身于广西桂林府灌阳县的一个书香之家。父亲举人出身，但入仕无门，以教书为业，母亲早逝。唐景崇与兄唐景嵩、弟唐景崶从小刻苦读书，同治、光绪年间，三兄弟先后中进士，入翰林，一时传为佳话。

唐景崇以学问渊博著称，《清史稿》称他“博览群书，通天文算术，尤喜治史”。自同治十年中进士后，经过二十二年历练，于光绪十九年（1893）升至内阁学士，第二年担任广东乡试正考官。

光绪二十一年（1895）乙未会试，朝廷任命徐桐为总裁，启秀、李文田、唐景崇为副总裁，一同主持会试。康有为、梁启超等大批极具革新思想的考生参加了这次会试。考试中，李文田出的一道取自《西游记》的有关西北舆地学的题目，难住了众考生，唯有梁启超对答甚详，李文田阅后非常满意，想要录取他，但是，此时他的录取名

唐景崇故里广西灌阳江口老街

额已满。

按照惯例，除了会试总裁、副总裁所掌握的录取名额之外，还有几个机动名额作为公用。李文田便邀了唐景崇一同去见徐桐，要求动用一个机动名额录取梁启超。然而，徐桐对于梁启超第二场考试的经义答卷有看法，因而不同意动用公用名额录取梁启超。唐景崇当即提议从自己的名额中裁减一人转录梁启超，这一提议为大家所赞同。

没想到第二天凌晨，徐桐写给唐景崇一封短信，言词十分严厉，信中说梁启超的答卷偏离主题，与梁启超同为广东籍的李文田有袒护同乡之嫌。唐景崇尽管十分赏识梁启超，此时也只能空留遗憾。李文田看了徐桐的那封信，默然无语，他取出梁启超的答卷，在卷末批上两句唐诗："还君明珠双泪垂，恨不相逢未嫁时。"

在这次会试中，康有为考了个第五名，而梁启超则名落孙山。令唐景崇想不到的是，正是这对康梁师徒，三年后成为维新运动的核心人物，而他自己，此后也将难以置身于宪政、改革的时代大潮之外。

督学江苏　创办新学

光绪二十九年（1903），唐景崇以工部左侍郎出任江苏学政。

此时的中国，正处于剧烈的动荡之中。面临内忧外患的形势，在维新运动的影响下，清廷连续颁布学制改革措施，先是宣布废除八股，改试策论，并要求各地兴办学堂，接着下诏停止已实行了整整一千三百年的科举考试，一年后又裁撤了所有各省学政。

据《清史稿》记载，对于科举制度废除后的学政事务，唐景崇曾向朝廷上陈十条建议。他在关于学务的奏折中指出，江苏“每府廪、增、附生约在千人以上，其年壮有志进修者殆不下数百人，如统归之师范传习所，恐难容纳”，他认为按《奏定学堂章程》，中学阶级与廪、增、附生尚属符合，因此“惟有多立中小学堂，使诸生入堂安心习业，小学程度未足者，令其补习”。

作为最后一任江苏学政，唐景崇力推教育改革，加快了改旧式书院为新式学堂的步伐。为了尽快提振江苏学务，他多次发布政令，要求各地学堂课程必须中西并重，“始能成完备之品格，未可偏尚致贻畸重之弊，未尽改良，不免囿于从前陋习”。并着手制定适用地方的各类《学堂章程》，以从体制上改变教育现状。

在江阴，南菁书院已更名为江苏全省高等学堂。唐景崇莅任后，照通行章程更定职名，始设监督（相当于总教习）、教务长、庶务长，并增添了教员。他特地聘请在南菁书院学习过的泰兴金鉽担任学堂监督。农历每月的初一和十五增设“会讲”，由监督及教员集诸生于讲堂，开讲伦理、掌故，次及科学和外文。据《大清德宗景皇帝（光绪朝）实录》记载，光绪三十一年（1905），唐景崇还奏请朝廷，要求扩充南菁学堂，增设学额。

在唐景崇不足三年的江苏学政任期内，江阴创办的新式学堂如雨后春笋，城区内，礼延书院改为礼延学堂，并创办了礼延高等小学堂，辅延、翰墨林、澄中两等小学堂，以及求我、敬业、澄北、翊延等小学堂。此外，还创办了东外的蓉东、南外的澄南（两等）、北外的君山、永定、春麓等小学堂。乡区创办的小学堂则达二十多所。

为了解决学堂师资不足的问题，县署特地在邑庙西厅开办师范传习所，学生毕业后分派到各学堂任教。至于教科书，唐景崇主张中西并重，采用新式课本。比如中学堂的教科书，他采辑《中学堂暂用课本之书目》，面向江苏推广。其中中学算学教科书有美国来华传教士、教育家狄考文所编的《代数备旨》和《形学备旨》，而晚清著名数学家华蘅芳和英国翻译家傅兰雅合译的《代数术》则被作为参考书。

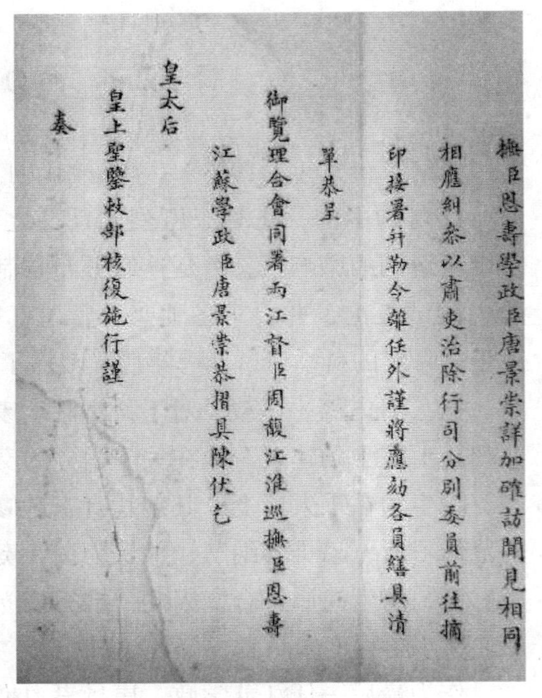
撫臣恩壽學政臣唐景崇詳加確訪聞見相同
相應糾參以肅吏治除行司分別委員前往摘
印接署幷勒令離任外謹將應劾各員繕具清
單恭呈
御覽理合會同署兩江督臣周馥江淮巡撫臣恩壽
江蘇學政臣唐景崇恭摺具陳伏乞
皇太后
皇上聖鑒敕部核復施行謹
奏

江苏学政唐景崇奏折（局部）

唐景崇在学务上的一系列动作备受社会各界关注。1905年11月25日的《申报》，以《唐学院札知学堂课程中西并重》为题，报道了唐景崇在江苏推行教育改革的事迹。

殚精竭虑 改革教育

处于风雨飘摇之中的清王朝为了挽救覆灭的命运，决心走立宪之路了。在五大臣出洋考察宪政之后，朝廷诸臣纷纷为预备立宪出谋划策。

光绪三十二年（1906）闰四月，刚刚回到北京还没有来得及卸去江苏学政之职的唐景崇，向朝廷提交了“预筹立宪大要四条”的奏

1911年5月8日成立的清政府责任内阁，后排右四为学务大臣唐景崇

章。他在奏章中写道：“臣维今日时势，海禁既启，五洲大通，交涉之事日难，应付之机愈棘，惟有修明政治，以立宪为第一要义。但事端宏大，此举为欧美各国所观瞻，经始之时，宜审之又审。”为此，他提出了“大要四条”，其中第三条阐述了普及国民教育，以教育为立宪基础的思想。他的观点为摄政王载沣所接受。

宣统二年（1910）春，为教育改革殚精竭虑的唐景崇升任学部尚书（即国家教育部长）。当年10月14日，唐景崇在资政院预备国会议台上就教育改革作主旨说明，他铿锵有力地说：“今人之见夫世界各大国船坚炮利，财富兵雄，以为自强之根本在此矣，而不知实由民德、民智之完备与民力之坚强，万众固结如山岳之不可摇撼，乃为根本中之根本耳。”他强调，大清帝国进行宪政改革，“欲其与列强相抗，无一不须普通必要之道德知识，即无一不须受小学教育”。

唐景崇要求各省提学使对所属各府、厅、州、县学务人员进行考察、甄别使用，并着手修改教育章程，主编《高等小学堂暂用课本之书目》。

第二年5月，清廷因筹备立宪，成立以皇族为中心的责任内阁，唐景崇被任命为学务大臣，仍主管全国的教育。这年7月至8月，他以学部名义召开由全国教育界官绅代表共一百五十多人参加的中央教育会，研讨中国教育发展的现状与趋势。唐景崇在大会上指出教育最紧急的事情就是普及，要做到教育普及、振兴地方学务，就必须从各地户口调查、学区划分收入；要解决地方教育经费问题，就必须让地方自行制定税额收入；要实行强迫教育，就必须从地方自治入手。

晚年唐景崇

在唐景崇的努力斡旋下，中央教育会通过了学部议案九件。会议闭幕次日，他便召集学部官员对议案逐一筹议，切实办理。

清朝覆灭 不再为官

正当唐景崇雄心勃勃地准备实施他的教育规划时，一场令他始料不及的革命风暴骤然而至。中央教育会开罢仅仅一个多月，武昌起义一声枪响，辛亥革命爆发了，随着清王朝的覆灭，唐景崇主持通过的中央教育会的议案被搁置，这位学务大臣刚刚起步的教育改革进程戛然而止。

1911年11月1日，清廷宣布解散皇族内阁，任命袁世凯为内阁总理大臣，负责筹组“责任内阁”。袁世凯任命唐景崇为学务大臣，要他继续掌管学部。然而，唐景崇称病引退，没有参加袁世凯的内阁。1914年，唐景崇又被任命为袁世凯参政院参政，并被聘为清史馆副总编纂，但他仍推辞未就。这位毕生效忠清王朝的遗老，清亡后不再为官。就在这一年11月，唐景崇在北京逝世，享年七十岁。

在20世纪初近代中国新式教育体系肇始之期，唐景崇，这位清末江苏最后一任学政、清政府最后一任学务大臣，在他任职期间所推出的一系列教改政策与措施，为中国近代教育的发展奠定了一定的基础。

后　记

地处扬子江畔的江阴，物华天宝，人杰地灵。

作为一个地方文史的爱好者和研究者，多年来，我就像地质工作者寻找矿藏那样，致力于史料的挖掘、搜集和研究，从中发现了一些有文史价值的江阴籍人物。这次，《暨阳钩沉》结集，我把历年来所写的人物传记和传略选了3篇，编入“天南地北江阴人”。

本书其他三个部分均系2014年至2015年间《江阴日报》的约稿。其中最早动笔的是“古今江阴女婿中的名人”，起因是有一天接到报社一位编辑的电话，说元代大画家倪瓒是我们江阴的女婿，问我能不能写一篇《倪瓒与江阴》。我告诉她，不光是倪瓒，北宋的蔡襄，南宋的辛弃疾，还有李公朴、薛暮桥、瞎子阿炳等都是江阴的女婿。她一听，非常兴奋，当即要我把江阴女婿中的名人写成一个系列，先是要我写十六篇，后来又要我再加四篇，结果，总共写了二十篇。这次选了其中的六篇。

当时，我之所以愿意揽下这项写作任务，主要的因素是觉得题材立意新。在这之前写过不少江阴古今名人，编过一些有关江阴人物的书，这次写江阴女婿中的名人，不仅对我来说有新鲜感，相信对于读者来说也会产生新奇感，他们中的许多人原先并不了解江阴女婿中竟有这么多赫赫有名的人物。事实上，正如我在这个系列的导语中所云：“古往今来，江阴女婿中不乏出类拔萃、声名卓著的精英人物，他们曾经在历史的长空中闪发出夺目的光辉。”把这些江阴女婿中的佼佼者介绍给读者，我觉得是一件十分有意义的事，这也正是我写作这个人物系列的原动力。

鉴于写作的人物是江阴女婿，所以除了要写他们本人的事迹和经历外，还要尽量挖掘他们与江阴的关系，包括他们与江阴籍妻子相识、相恋的过程，他们与妻子亲属及家乡人的交往，以及他们在江阴留下的足迹。如蔡襄，写了他在青旸悟空院读书，以及与其夫人的堂兄葛宫、葛密的交往；倪瓒，写了他隐居江阴期间的诗作，以及与张宣、夏颧等人的交往，最后客死江阴；瞎子阿炳，写了他与周少梅、刘天华的交往及其北涸之行。

“古今江阴女婿中的名人”系列见报后，据报道“一路反响不断”。听说有些读者还将刊登这个系列的二十张报纸完整收藏。

就在江阴女婿系列行将结束时，2014年11月8日新中国第十五个记者节即将来临，报社编辑约我筹写一个有关江阴记者的系列，经过商酌，推出了“民国时期的江阴报人”，共六篇人物传记。其中曹一尘、徐再思、蔡如山是江阴地方新闻工作者，邢颂文、高灏、季崇威是外地新闻媒体的江阴籍编辑、记者。“铁肩担道义，妙手著文章。”被称作“无冕之王”的记者是时代风云的记录者。这六位江阴报人凭借他们手中的笔和相机，成为江阴乃至中国历史的见证者和记录者。这次选了其中的两篇。

与此同时，报社另一位编辑也向我组稿，敲定以学政为题材，不久便推出了“明清江苏学政人物 ”系列。历史上江阴曾是江苏学政的驻节之地，先后有一百一十三位学政任职江阴，其中包括六名状元、三名榜眼、一名探花。更有几人后来升至大学士“入阁拜相”，成为中国历史上的风云人物。“明清江苏学政人物 ”展现了其中二十位学政的风貌。为了完成这一写作任务，我邀请了对学政深有研究的赵统先生同我合作，两人各承担十篇。

至2015年年底，以上几个系列的写作全部结束。一晃两年多过去了，期间，有多位友人建议我将这几个系列结集出书。去年，蒋国良先生接任江阴市暨阳名贤研究院院长后，更是动员我抓紧整理文稿，并列入2018年名贤研究院与市档案局联合出版计划。

如今，汇集以上几个系列部分作品并增补“天南地北江阴人”而成的《暨阳钩沉》一书已定稿送审，其中“明清江苏学政人物 ”为了保持完整性，经征得赵统先生同意，将他撰写的十篇一并编入，并在文章中署上其姓名。

在《暨阳钩沉》即将付梓之际，衷心感谢江阴市暨阳名贤研究院和江阴市档案局的大力支持，尤其要感谢蒋国良先生对此书的关心并为之作序。

沈俊鸿

2018年5月7日